Les chamanes occidentaux

ISBN : 978-2-38135-420-0

www.editions-tredaniel.com
info@guytredaniel.fr
www.facebook.com/tredaniel.reflexion
@tredaniel_reflexion

Melanie Chereau

Les chamanes occidentaux

Répondre aux besoins, éviter les dérives

Guy Trédaniel éditeur
19, rue Saint-Séverin
75005 Paris

SOMMAIRE

INTRODUCTION

POURQUOI CE LIVRE ?

Pourquoi un énième livre sur le chamanisme, cette « spiritualité » à la fois millénaire et qui semble rejaillir partout dans le monde, de manière très différente, mais avec des points communs aujourd'hui ? Une sorte de réveil post-new age, un « new-new age » pourrait-on dire, secoue l'Occident et s'amplifie depuis quelques décennies. Un effet début de millénaire, une ambiance préapocalyptique qui inquiète une population de moins en moins convaincue par les religions mais en mal de sens, de spiritualité, de rites... Sûrement qu'un peu de tous ces éléments se rejoignent, mais à l'ère où le numérique et les réseaux sociaux permettent à la fois une étendue de l'information immédiate, mais aussi la création de minicommunautés un peu partout, le néochamanisme (néo-néochamanisme ?) connaît un véritable essor. Pour le meilleur et pour le pire, il faut bien l'admettre. Savez-vous que le hashtag #shaman a été partagé avec 704 millions de vues en 2022 sur TikTok ? Le chamanisme, ainsi que les pratiques qu'il engendre, est englobé dans ce grand maelstrom spirituel contemporain, qui mélange à foison son héritage new age avec les spiritualités orientales – ainsi le concept des âmes sœurs côtoie celui du karma, ou encore la réincarnation indique des éléments de la « mission de vie »... Les besoins du développement personnel, très lucratif, surfent sur celui de «réenchanter» son existence avec des rituels personnels ou collectifs, resserrant les liens et créant des communautés de semblables qui se rassurent mutuellement sur le sens de la vie. Enfin un rapprochement avec la nature couronne le tout, en résonance avec les problèmes écologiques, les inquiétudes pour l'avenir et la bonne conscience qu'on peut se donner à coups d'animal totem et de rituels dans la forêt, pour se dire qu'au moins, on est au-dessus du lot, on console la Terre-Mère...

Bref, dans tout cela, il y a des chamanes qui travaillent, qui essaient de transmettre des soins et des rituels, afin de colmater les brèches que la modernité fait dans la cuirasse des humains, et que les anciennes méthodes ne convainquent plus beaucoup. Les prêtres et les psys n'étant décidément jugés plus très efficaces, dans une période où tout doit aller très vite même les guérisons, à l'ère du «*do it yourself*» même dans le bien-être et le développement personnel à tout va, il est difficile de s'y retrouver et de comprendre comment trouver du sens et de l'authenticité.

Après avoir écrit trois livres sur le sujet du chamanisme, après avoir travaillé sept ans au magazine *Inexploré*, pratiqué vingt-cinq ans de bouddhisme tibétain traditionnel et surtout après avoir rencontré des chamanes et pratiqué des rituels, j'ai voulu interroger cet objet protéiforme que j'observe comme étant un chamanisme syncrétique. En Occident, nous n'avons pas conservé ce qui devait être notre chamanisme originel et nous empruntons donc aux autres cultures leurs initiations et leurs pratiques, mais dans quel but? Comment sont initiés les chamanes français et pourquoi? Que font-ils ensuite avec leur savoir, et qui sont ceux qui les consultent? Dans quel but? Est-ce authentique? Toutes ces questions me taraudent, et particulièrement celui de la légitimité, face au travers occidental qui est l'appropriation et la transformation pour ses besoins quitte à tout dénaturer, de tout ce qu'il peut rencontrer autour du monde. Pour exemple, lorsque l'Occident rencontre le yoga, il en fait un sport, lorsqu'il découvre la méditation, il la transforme en «pleine conscience» en lui retirant tout l'aspect religieux, lorsqu'il rencontre la notion de karma ou de réincarnation, il la remanie à la sauce coaching spirituel... Ainsi, comment s'en sort le chamanisme? Faire une hutte de sudation entre personnes inconnues alors qu'à l'origine cela permettait de réunir le clan, s'attribuer un animal totem alors même que tous les chamanes traditionnels n'en ont pas, ou encore tourner autour du feu en battant du tambour, est-ce signifiant pour nous? À quoi jouons-nous? Y a-t-il une universalité humaine qui justifie cela, une humanité réunie autour du culte des esprits, ce qui est à la base du chamanisme? Toutes ces questions, j'ai voulu les poser à des chamanes, afin que nous étudiions ensemble cet animal à trois têtes et cinq pattes qu'est le chamanisme contemporain.

J'aimerais également partager ma propre expérience et mon lien personnel avec le chamanisme. Il s'agit d'une exploration intérieure vécue de manière introspective, ponctuée de mes propres expériences, sensations et interrogations. Ces dernières années, j'ai été confrontée à des événements qui m'ont mise en contact avec divers chamanes, dont l'importance est indéniable. Cette réflexion résonne également avec l'intérêt croissant pour le chamanisme, observable chez de nombreuses personnes qui, tout comme moi, peuvent être tentées de s'attribuer des capacités «spéciales» sans toujours en comprendre pleinement les implications. Il est donc essentiel d'exercer une prudence éclairée, et cette enquête personnelle offre l'opportunité de rencontrer des chamanes dont le parcours souvent long et ardu mérite considération.

Pour ce livre, j'ai choisi des chamanes que je connais, avec lesquels j'ai pratiqué des expériences, ou bien que j'ai interviewés. Ils sont tous Occidentaux puisque c'est le sujet de l'ouvrage. Bien entendu, ce n'est pas en interviewant sept personnes que je vais avoir des réponses universelles, mais en tout cas, cela peut donner des pistes de réflexion supplémentaires, en plus de témoigner d'une époque. J'ai choisi ces chamanes parmi d'autres, parce qu'ils me semblaient avoir tous des démarches différentes mais complémentaires. J'ai eu envie d'avoir leur avis sur tous ces questionnements, et en comprenant leur parcours et leur démarche, peut-être commencer à collecter des éléments sur ce qui est en train de se produire en Occident, sur la voie du chamanisme. Bien sûr, ce livre est très subjectif, les avis partagés n'engagent que ceux qui les énoncent.

Chamanes contemporains, chamanes occidentaux, qui êtes-vous ? Quel est ce chamanisme qui à l'origine n'existe pas chez nous ? En plus d'avoir importé/inventé le terme, peut-être sommes-nous en train de créer une nouvelle voie ?

BRÈVE HISTOIRE DU CHAMANISME (LUE PAR L'OCCIDENT !)

L'origine du mot «chamane» est entourée de mystère, avec des théories divergentes sur son étymologie. L'une des plus répandues suggère qu'il vient de la langue toungouse de Sibérie, où *çaman* signifie soit «celui qui sait», soit «celui qui s'agite» en référence sans doute aux mouvements faits pendant les cérémonies. Une autre hypothèse le relie au terme sanskrit *shramana*, désignant un «moine errant». Cette ambiguïté reflète la complexité de cette notion, largement documentée par les ethnologues occidentaux à travers des observations variées. Officiellement intégré dans la langue française en 1842, le mot «chamane» est défini comme un prêtre ou une prêtresse entretenant des relations avec des puissances surnaturelles, servant d'intermédiaires entre les hommes et les dieux, bien que la perception académique ait été teintée de doutes ou de mépris dans les premiers temps[1].

1. Le *Dictionnaire de l'Académie française* enregistrait cette définition: «Chamane: Situé principalement en Asie centrale et septentrionale, mais aussi ailleurs dans le monde. Genre de prêtre ou de prêtresse censé entretenir des rapports privilégiés avec les puissances surnaturelles, jouant le rôle d'intermédiaires entre les hommes et les dieux, les vivants et les morts, et qui emploient ce don pour la divination, le traitement des malades, les exorcismes, ou bien parfois à des fins maléfiques.»

Dans de nombreuses cultures autour du monde, les chamanes sont désignés par d'autres termes, tels que sorcier, devin, guérisseur, *curendero* ou *medicine man*, il n'existe donc pas UNE histoire du chamanisme, à part celle vue par l'Occident puisque, par définition, «chamanisme» est un terme occidental.

Malgré ses diverses appellations, le chamanisme est donc une tentative de catégorisation des pratiques humaines universelles, souvent associées à des croyances et des rituels tribaux ancestraux. Le chamanisme préhistorique suscite pourtant des débats, mais envisager la notion dans une perspective inversée révèle des liens profonds entre l'humain et les mondes spirituels. Les premiers rituels humains, tels que la création d'art rupestre ou la danse, pourraient avoir été des moyens de communication avec des entités supérieures ou de solliciter leur faveur. Les préhistoriens Jean Clottes et David Lewis-Williams[2] avancent même l'idée que l'art rupestre était une expression spirituelle, réalisée peut-être lors de transes chamaniques. Cette vision s'inscrit dans l'héritage de Mircea Eliade[3], qui considérait que la sacralisation est un processus intemporel, se manifestant de différentes manières à travers les âges. Malgré les perceptions occidentales réductrices, le chamanisme pourrait renvoyer à des traits universels et intemporels de l'expérience humaine, dépassant les catégorisations culturelles normatives, c'est justement une des pistes que nous allons explorer dans ce livre.

---

2. Jean Clottes et David Lewis-Williams, *Les Chamanes de la préhistoire*, Seuil, 1996.
3. Mircea Eliade, *Le Chamanisme et les techniques archaïques de l'extase*, Payot, 1968.

Il est intéressant de constater que l'expression «peuples sans histoire» a longtemps été utilisée pour décrire les populations autochtones, suggérant à tort qu'elles n'avaient pas évolué au fil des millénaires. Cette vision réductrice reflète notre héritage anthropologique occidental, comme le souligne Richard Lioger[4], qui met en lumière la construction de l'altérité en anthropologie. Cette perspective a également alimenté les débats entre anthropologie et psychanalyse tout au long du xxe siècle, révélant une tendance à normativement classer l'humanité selon sa culture.

Ainsi, Sigmund Freud, répondant aux interrogations de son époque, explore au début du xxe siècle la question de l'interdiction universelle de l'inceste, ce qui l'amène à étudier le totémisme et le phénomène magique dans les sociétés dites primitives autour du «fait magique». Il théorise sur des concepts tels que l'animisme et les différentes formes de pensée, mettant en parallèle les pratiques chamaniques avec des comportements narcissiques infantiles et des pathologies occidentales telles que l'hystérie et la schizophrénie. De nos jours, certains psychiatres occidentaux ont tendance à diagnostiquer les chamanes comme des psychotiques ou des hystériques, les considérant comme des individus dont le chamanisme aurait stabilisé les comportements déviants, leur conférant ainsi une place dans leur société. Idée reprise par Georges Devereux qui avance l'hypothèse que le chamane serait un «fou par procuration» qui permettrait de soulager les souffrances de son groupe. Idée qui ne fonctionnerait pas en Occident.

---

4. Richard Lioger, *Freud, l'anthropologie et les sociétés matrilinéaires*, Portique, 1998.

Pour l'anthropologue Claude Lévi-Strauss, la possibilité que le chamane, ayant surmonté ses propres troubles, puisse guérir ceux des autres, tout comme un psychanalyste, est étudiée. Cette question soulève la possibilité que des individus présentant des troubles psychologiques dans les hôpitaux psychiatriques occidentaux pourraient être, sans le savoir, des chamanes potentiels. C'est ce que s'est écrié le chamane Patrice Malidoma Somé en visitant un hôpital psychiatrique aux États-Unis dans les années 1980[5]: «Alors c'est de cette façon que les guérisseurs qui tentent de naître sont traités dans cette culture. Quel gâchis! Quelle tristesse de voir une personne qui s'est enfin alignée avec le pouvoir de l'autre monde être en pure perte.»

Après les recherches de Freud sur les correspondances entre les pratiques «magiques» des chamanes et les symptômes des névroses, le psychiatre et psychanalyste Carl G. Jung a amorcé une réflexion sur les intersections potentielles entre psychologie et chamanisme. Il a développé le concept d'inconscient collectif, ainsi que la capacité à percevoir des réalités non ordinaires, une notion partagée avec le chamanisme à travers notamment ses «voyages». Aujourd'hui, certains thérapeutes qui s'inspirent de Jung intègrent des techniques similaires à celles du chamanisme dans leur pratique, comme les états modifiés de conscience et l'utilisation du symbolisme, pour faciliter l'exploration des liens de souffrance dans la psyché. Nous sommes ici dans le début du syncrétisme, à savoir l'utilisation de techniques importées de cultures différentes, associées

---

5. https://www.espritsciencemetaphysiques.com/ce-quun-shaman-voit-hopital-psychiatrique.html#google_vignette.

à notre chemin introspectif, que nous allons explorer avec les chamanes occidentaux.

Dans les années 1960 et 1970, un vif intérêt pour les spiritualités « alternatives » a émergé, marquant une période de décolonisation où l'Occident révisait son regard sur d'autres cultures. Aux États-Unis en particulier, des groupes, influencés par les mouvements hippies et underground, se lançaient dans une quête de nouveaux idéaux. Ils ont ainsi exploré différentes pratiques telles que l'utilisation de plantes, des voyages en Inde et la consommation de drogues psychédéliques. Ce mouvement reflétait un désir de découvrir un aspect méconnu de soi-même et de comprendre un monde complexe, donnant ainsi naissance à une forme de néochamanisme.

Depuis, avec l'avènement de la mondialisation et l'accès à l'information, le chamanisme gagne en popularité parmi les Occidentaux en quête de spiritualité et désireux de renouer avec la nature. Les approches varient, allant des expériences individuelles telles que la rencontre avec un chamane lors de voyages, aux démarches collectives comme les voyages organisés pour rencontrer des *curenderos* utilisant des plantes psychotropes. De plus en plus d'Occidentaux se forment auprès de chamanes du monde entier, ramenant chez eux leurs enseignements pour accompagner les consultants dans leurs diverses problématiques, répondant ainsi à une demande croissante. Cette pratique s'accompagne d'un mélange de cultures, soulignant soit l'universalité du chamanisme, soit visant à transmettre une voie dépouillée de ses particularismes culturels.

LES PIONNIERS DES CHAMANES OCCIDENTAUX

Les années 1960 et 1970 marquent donc une période d'intense intérêt pour les spiritualités diverses en Occident, favorisée par un relâchement de l'intérêt pour les religions monothéistes et la démocratisation des voyages aériens. En résonance avec les mouvements pacifistes et contre-culturels tels que les hippies aux États-Unis, de nombreux jeunes se lancent dans une quête d'un nouvel idéal. Beaucoup parcourent l'Inde à la découverte de la méditation ou explorent les effets des plantes psychédéliques en Amérique du Sud. C'est dans ce contexte que le chamanisme commence à émerger, d'abord par le biais des traditions sud et nord-amérindiennes. Des figures ont contribué à populariser le chamanisme auprès des Occidentaux.

CARLOS CASTANEDA, CONTROVERSÉ MAIS INITIATEUR

Carlos Castaneda (1925-1998) était un écrivain américain d'origine péruvienne et auteur de la série de livres controversée sur les enseignements de don Juan. La notoriété de Castaneda a commencé grâce à son premier livre, *L'herbe du diable et la petite fumée*, publié en 1968. Dans cet ouvrage, Castaneda raconte ses expériences avec un chamane yaqui mexicain du nom de don Juan Matus. Selon Castaneda, il a été initié par celui-ci aux pratiques chamaniques, à l'utilisation de plantes hallucinogènes, et à la compréhension des réalités alternatives.

Carlos Castaneda poursuit son apprentissage auprès de don Juan Matus pendant plusieurs années et publie d'autres ouvrages qui rencontrent un succès similaire. Selon son mentor chamane, Castaneda serait un *nagual*, un magicien-voyant possédant le savoir ancestral de sa lignée de mythiques êtres méso-américains. Ce terme renvoie également aux capacités perceptives de l'humain dans des domaines inconnus mais accessibles, qu'il désigne comme la « réalité non ordinaire », comprenant les « champs subtils », d'autres mondes en somme. Dans certaines régions d'Amérique du Sud, ce terme désigne également un chamane capable de se métamorphoser en animal lors de rituels ou de prises de plantes. Castaneda est également un ambassadeur des états modifiés de conscience, enseignés par ce qu'il appelle « les anciens voyants », permettant d'appréhender les flux énergétiques, de percevoir la réalité de sa vie pour évoluer vers une version améliorée, et de développer le pouvoir de l'intention comme une force agissante. Enfin, il présente une conception du temps et de l'espace rappelant les théories quantiques sur l'influence de l'observateur sur ces concepts. Toutes ces notions ont été très fortement absorbées dans le monde de l'ésotérisme et sont encore utilisées aujourd'hui.

La série de livres de Castaneda a aussi eu une influence dans les milieux académiques, en particulier dans le domaine de l'anthropologie. Certains ont salué son travail pour son exploration novatrice des traditions autochtones, tandis que d'autres l'ont critiqué pour sa présentation peu rigoureuse des données ethnographiques.

Malgré les débats sur la vérité de ses récits, l'influence de Castaneda en Occident a été significative. Ses livres ont ouvert une porte sur la spiritualité chamanique et ont suscité un intérêt renouvelé pour les traditions autochtones d'Amérique latine. Carlos Castaneda a été critiqué pour sa relation avec la vérité, sa manipulation des faits, et l'exploitation potentielle des enseignements autochtones à des fins lucratives. Cependant, il a également été reconnu pour avoir introduit des idées novatrices sur la perception, la réalité et la spiritualité.

Après la mort de Castaneda en 1998, son héritage a été controversé. Certains continuent de considérer ses écrits comme une source d'inspiration spirituelle, tandis que d'autres restent sceptiques quant à la véracité de ses récits. L'influence de ses écrits, qu'ils soient vrais ou faux, est cependant telle que, finalement, c'est la seule chose qui importe aujourd'hui. Même s'il a tout inventé (et dans ce cas, quel artiste !), l'ouverture des possibles qu'il a engendrée demeure très importante.

MICHAEL HARNER, LE PIONNIER OCCIDENTAL

Michael Harner (1929-2018) est un anthropologue américain qui a aussi joué un rôle majeur dans la popularisation et la démocratisation du chamanisme contemporain. Sa vie et son travail ont eu une influence profonde sur la manière dont l'Occident perçoit et engage les traditions chamaniques. Il a initialement poursuivi une carrière académique en anthropologie, mais c'est sa propre expérience avec le chamanisme qui a transformé sa vie. Alors qu'il effectuait des recherches avec les Jivaros en Amazonie, il a été initié au chamanisme par un membre de la tribu, notamment en prenant des plantes. Michael Harner a développé la technique du « voyage chamanique », une méthode qui utilise le tambour pour induire un état modifié de conscience, permettant aux praticiens d'explorer des mondes spirituels et de communiquer avec des entités non ordinaires. Cette approche, simplifiée et adaptée pour les Occidentaux, a été cruciale pour rendre le chamanisme plus accessible car cet instrument est légal, contrairement aux plantes psychotropes prohibées dans de nombreux pays.

C'est ainsi qu'il ouvre la voie à un enseignement accessible, convaincu que chacun peut en bénéficier.

L'influence de Michael Harner a donc été immense. Son livre *The Way of the Shaman* (*La Voie du chamane*, Mama Éditions, 2011) a contribué à populariser le chamanisme auprès du grand public. Certains ont malgré tout souligné que sa simplification du chamanisme pouvait édulcorer la profondeur des pratiques traditionnelles.

Il a ensuite fondé dans les années 1980 et 1990 deux écoles: le Center for Shamanic Studies et la Foundation for Shamanic Studies (FSS), toujours actives aujourd'hui. Ces écoles transmettent le «*core shamanism*», un chamanisme qu'il qualifiait «des origines» dont l'idée est de vivre les choses de l'intérieur, seul moyen d'évolution selon Harner. Il était profondément partisan d'un chamanisme «universel», convaincu que «le travail chamanique est le même, l'esprit, le cœur et le corps humains sont les mêmes, seules les cultures sont différentes». Il est certain que cette pensée a largement été ancrée dans l'esprit de très nombreux Occidentaux, leur permettant dans une certaine mesure de ne pas se poser plus de questions que cela.

Après sa mort en 2018, Michael Harner a laissé derrière lui un héritage complexe. Sa contribution à la diffusion du chamanisme dans les cultures occidentales reste indéniable, mais son approche a également suscité des débats sur la commercialisation et la simplification du chamanisme pour un public moderne.

ÉVOLUTION GRÂCE AU NEW AGE

L'avènement du new age a contribué à la popularisation des spiritualités éclectiques, où les individus sont encouragés à puiser dans diverses traditions pour créer leur propre cheminement spirituel. Cependant, l'appropriation des spiritualités ainsi «picorées» n'a pas été sans critiques. Certains ont souligné le risque de superficialité et de décontextualisation des enseignements originaux, craignant que des éléments essentiels ne soient perdus dans la traduction. Il est vrai que l'utilisation commerciale de ces pratiques a suscité des questionnements quant à la banalisation de traditions sacrées.

L'influence des spiritualités asiatiques et l'émergence du mouvement du new age ont profondément modifié le paysage spirituel occidental au cours des cinq dernières décennies. Cette rencontre interculturelle a enrichi la palette des pratiques spirituelles disponibles, offrant aux individus des voies alternatives pour explorer la conscience, la guérison, et la quête de sens. Bien que des défis subsistent, ces mélanges continuent de façonner la manière dont de nombreuses personnes vivent leur quête spirituelle dans le monde contemporain.

La respiration holotropique a été orchestrée par Stanislav Grof dans les années 1970, à la suite de l'interdiction américaine d'utiliser les plantes psychotropes. Ce thérapeute d'origine tchèque a cherché le moyen d'atteindre des états modifiés de conscience sans l'usage des plantes, de manière la plus naturelle qui soit, parce qu'il avait observé les effets curatifs de la transe sur ses patients. Le principe de la respiration holotropique est de se suroxygéner en respirant à outrance, accompagné bien sûr par des personnes formées à la technique, et porté par une musique savamment choisie. Si le mental lâche, «drogué» par les conséquences de trop d'oxygène dans le cerveau, alors la transe arrive. Grâce à la musique qui permet de s'abandonner et qui soutient le travail, mais aussi à l'attention des accompagnants, beaucoup de choses peuvent se produire. Revisiter des traumas, épancher des chagrins, avoir des visions et, qui sait, rencontrer au-delà du subtil, des formes exogènes de conscience.

La méthode thérapeutique créée par Stanislav Grof et sa femme Christina – la psychologie transpersonnelle – est largement inspirée de certaines pratiques chamaniques de la transe. Grof a cherché à intégrer des dimensions spirituelles dans son travail, à la fois à travers la respiration holotropique et ses études psychédéliques. La revisitation de traumas potentiels permet une catharsis et une libération émotionnelle.

ALEJANDRO JODOROWSKY

Un bel exemple de chamanisme à l'occidentale : Alejandro Jodorowsky est un artiste pluridisciplinaire d'origine chilienne, né le 17 février 1929. Il est surtout connu pour son travail dans le cinéma, le théâtre, la bande dessinée, et la littérature. Jodorowsky est célèbre pour ses films expérimentaux et surréalistes tels que *El Topo* (1970) et *La Montagne sacrée* (1973), qui ont marqué le cinéma d'avant-garde. Il est également un auteur prolifique de bandes dessinées, notamment pour sa série *L'Incal* créée avec l'illustrateur Moebius. En dehors de son travail artistique, Jodorowsky est également un maître spirituel et un théoricien de la psychomagie, une forme de thérapie qu'il a développée. Grand admirateur de Carlos Castaneda qu'il a croisé une fois dans sa vie, Jodorowsky a eu la pertinence de s'intéresser à tout ce qui est relatif à notre « ésotérisme », comme le tarot, dont il est devenu un grand maître, et l'héritage de Carl G. Jung. C'est ainsi que Jodorowsky a créé sa propre méthode, qui combine des éléments de psychologie, de chamanisme, d'art et de spiritualité. Cette méthode vise à libérer les individus de leurs blocages émotionnels et psychologiques en utilisant des actes symboliques et créatifs.

Contrairement aux approches conventionnelles de la thérapie, la psychomagie se concentre moins sur l'analyse intellectuelle des problèmes et davantage sur l'expression symbolique et l'expérience directe. Le praticien prescrit souvent des « actes psychomagiques » personnalisés, qui peuvent inclure des rituels, des performances artistiques, des gestes symboliques ou des directives créatives, conçus pour aider les individus à transcender leurs schémas de comportement limitants, de croyances qui se répètent ou de blocages psychologiques. L'objectif ultime est d'amener les individus à se reconnecter avec leur moi authentique, à guérir les blessures émotionnelles du passé et à (re)trouver un sens profond à leur vie en utilisant le langage de l'inconscient. C'est une approche holistique qui considère l'individu dans sa totalité, intégrant l'esprit, le corps et l'âme dans le processus de guérison. Nous sommes ici dans une forme de syncrétisme, mêlant le savoir occidental en psychologie, mais la démarche très chamanique de faire agir le consultant, mêlée de rituels faisant appel à une forme de croyance, mais à laquelle un Occidental peut se raccrocher. C'est selon moi brillant et merveilleux à la fois.

CORINE SOMBRUN, UNE CHAMANE FRANÇAISE

Corine Sombrun est une ethnomusicienne française. Son histoire extraordinaire, relatée dans *Un monde plus grand* (réal. Fabienne Berthaud), le film qui l'a rendue célèbre, commence lorsqu'elle part en Mongolie pour enregistrer des cérémonies chamaniques pour la BBC. Pendant une session d'enregistrement, elle entre en transe de manière spontanée, sous l'effet du tambour chamanique, et reste dans cet état pendant deux heures. Après avoir un peu résisté, elle accepte finalement de se former auprès d'Enkhetuya, une femme tsaatan, sur une période de huit ans. Aujourd'hui, elle explore davantage son expérience, cherchant à comprendre les mécanismes de son cerveau lorsqu'il est en transe, mais aussi en dehors de ces sessions. Elle compose également des boucles de sons, les *sound loops*. Et 80% des personnes qui entendent ces *loops* de rythme entrent en transe. Son cas attire l'intérêt de chercheurs, notamment du docteur Pierre Etevenon de l'Inserm, qui étudie les états modifiés de conscience. Elle participe ensuite à un programme de recherche à l'Alberta Hospital d'Edmonton, dirigé par le neuropsychiatre Pierre Flor-Henry, visant à comprendre les mécanismes physiologiques de la transe et ses effets sur le cerveau. Corine Sombrun appelle sa démarche la transe cognitive et crée une association autour de ces recherches: TranseScience Research Institute. De très grands espoirs sont à l'horizon de ces recherches en matière de maladies mentales et de traitement des stress post-traumatiques.

Corine Sombrun est l'illustration parfaite de l'importation des savoirs traditionnels «transformés» au bénéfice des Occidentaux, c'est-à-dire qu'observée par le prisme de la science, qui est peut-être notre religion à nous, la bizarrerie de la transe est acceptée car elle est mesurable à travers des expériences reproductibles et décrites en laboratoire. C'est notre méthode habituelle, qui peut être louable car elle offre aussi potentiellement des solutions salvatrices pour la santé humaine. Cela dit, en ce qui concerne le sacré de la transe et l'intervention des esprits, c'est totalement discutable.

MON HISTOIRE AVEC LE CHAMANISME

Tout a commencé par les études de sociologie et d'ethnologie que j'ai suivies à la Sorbonne. J'ai assez fièrement, je dois dire, obtenu une licence, menée par des professeurs hors du commun. Je me souviendrai surtout de Saul Karz, un Polonais exilé en Argentine, revenu enseigner en France, qui faisait des cours «à tiroirs». Je dirais qu'il y avait une sorte de niveau «étudiant», le programme qu'il nous transmettait fort ingénieusement, avec talent et culture, afin que nous réussissions nos examens en sociologie générale. Et puis il y avait le niveau «cultivé», c'est-à-dire des centaines de références, notamment à Sigmund Freud, Jacques Lacan et autres figures de la psychanalyse, invitées à ses cours, que la plupart des étudiants ne comprenaient pas vraiment. C'était une sorte de bonus pour ceux qui avaient envie d'approfondir, de saisir ses allusions, nous pouvions aller chercher davantage. Et enfin il y avait le niveau «spectacle», les blagues qu'il lançait discrètement, mêlées à son cours, qu'encore moins de mes condisciples ne captaient, essentiellement parce qu'elles étaient inattendues. J'avoue que j'étais très admirative du personnage et je riais beaucoup à ses ironies et ses pirouettes masquées. J'ai passé de très belles années à la Sorbonne, mais je ne me voyais pas professeur de sociologie et encore moins sociologue dans un quelconque institut. Lorsque mon père m'a fait comprendre que je devais à présent m'assumer financièrement, même si je n'avais pas terminé mon cursus, j'ai décidé d'arrêter, et je suis partie pour le domaine ingrat de la production audiovisuelle. Pendant ces années de fac, je pratiquais la danse africaine. Les étudiants bénéficiaient de cours très peu chers et d'une grande qualité auprès d'un maître de danse nommé Babacar, un Sénégalais d'un très grand charisme. J'y allais autant que je le pouvais, parfois tous les jours, et j'étais secrètement amoureuse du professeur. Le lien avec mes études s'est fait grâce à cette danse que je pratiquais, qui était pour beaucoup issue du *Ndop*, une danse dite « thérapeutique » sénégalaise que je décidai d'étudier pour la présenter à mon cours de sociologie de la musique. Je suis donc partie avec mon professeur de danse, ainsi que quelques autres étudiants danseurs, au nord de la Casamance, dans son village natal, dont il était vaguement devenu le chef. Il y possédait en tout cas un très grand espace avec tout le confort possible, c'est-à-dire des douches et des cases à partager à deux, nous étions dans les années 1995…

L'idée était de pratiquer moi-même la danse lors d'un rituel organisé avec une demi-douzaine d'hommes battant du tambour de manière assez exceptionnelle. Une puissance et une force à soutenir les danseurs que j'ai rarement revues en France. Les pieds dans le sable, tous les autres participants en cercle autour de moi, j'étais censée danser avec les mouvements que je connaissais bien, précis et déjà bien intégrés puisque répétés depuis des mois. Je me suis élancée et au bout d'un temps très court, j'ai senti mon esprit partir, la musique qui s'éloignait, je ne maîtrisais plus du tout mon corps. Je tombai au sol et ébahie, me relevai pour reprendre le mouvement. À peine avais-je esquissé trois pas que je repartais dans la transe. C'était insupportable pour moi, de ne plus rien contrôler, la peur m'a saisie et je me suis écroulée une deuxième fois. Les batteurs ont continué à jouer. Je ne sais pas combien de fois je me suis redressée, puis j'ai redécollé et je suis retombée. Finalement, Babacar a décidé d'arrêter le rituel, assez interloqué que je sois entrée si vite en transe. Il avait l'air de le prendre à la légère, arguant que cela n'arrivait pas trop «aux Blanches» d'ordinaire. C'est la nuit qui a suivi qui a été très compliquée. Ma compagne de case m'a réveillée car apparemment je gémissais dans mon sommeil. La tête s'est mise à me tourner fortement et mon amie est allée chercher Babacar qui, en entrant, lui a demandé de rester dehors. S'en est suivie une scène assez horrible, où un esprit s'est emparé de mon corps et m'a violentée. Babacar, très calme, assistait impuissant, murmurant des choses que je ne comprenais pas. J'ai fini par retomber sur ma couche et il m'a laissée là. Le lendemain, il a fait venir une «sorcière» pour s'occuper de moi. Elle a fait une sorte de petit cérémonial, chantant, me crachant dessus des médecines, agitant des objets... je n'ai rien compris non plus. Finalement, elle m'a emmenée dans la mer juste derrière nous et m'y a baignée. Elle m'a expliqué qu'un esprit était venu sûrement pendant la transe mais que maintenant tout irait bien. Elle m'a demandé si je voulais autre chose, qu'elle pouvait réaliser mes souhaits contre un peu d'argent... J'ai passé le reste du séjour complètement hagarde, à côté de mes chaussures, en légère crise d'angoisse permanente, sans vraiment trouver le repos et toujours sur mes gardes. J'avais l'impression que la terre africaine vibrait autrement que ma terre natale et que j'étais incapable de me réguler sur cette nouvelle fréquence. Un jour, nous avons traversé un village, il faut savoir quand même qu'en 1995, certains endroits étaient très peu visités par des Blancs et que nous n'étions pas toujours les bienvenus. Dans ce village se déroulait une sorte de fête des hommes-lions.

Plusieurs d'entre eux, déguisés et masqués, dansaient en cercle, entourés par une foule. Je ne distinguais rien, je flottais comme à mon habitude, quand soudain l'un d'entre eux m'a saisie et jetée dans le cercle. La foule riait. Les hommes-lions dansaient autour de moi en me parlant dans leur langue. J'étais terrorisée. Babacar non, il riait aussi. Apparemment, ce n'était qu'une sorte de jeu destiné aux enfants... C'est ce qu'il m'a dit. Ce n'est pas vraiment ce que j'ai vécu, mais je ne comprenais tellement rien à rien... J'étais si mal que tout le monde s'en apercevait et une des danseuses de mon groupe a fini par me trouver et me dire: «Tu sais, ce n'est pas notre culture, tu n'es pas obligée de te laisser emporter...» Sacrée remarque, encore aujourd'hui je ne sais pas quoi en penser. Lorsque je suis rentrée à Paris, j'étais dans un état d'épuisement qui a inquiété ma mère. Elle m'a conseillé de consulter un psychanalyste qui a eu cette phrase définitive après avoir écouté mon histoire: «Vous avez fait une décompensation hystérique.» Je ne suis plus jamais allée au cours de danse.

J'ai enterré cette histoire au fond de ma mémoire et je n'en ai plus jamais reparlé à personne.

À l'âge de 25 ans, j'ai rencontré le bouddhisme par le biais d'un lama occidental, Ole Nydhal, élève du 16e Karmapa Rangjung Rigpe Dorje de l'école Karma Kagyu. Ce lama danois ayant reçu toutes ses initiations dans les années 1970 s'est vu renvoyé dans ses pénates avec l'instruction de transmettre à son tour aux Occidentaux ce qu'on lui avait appris. Lama Ole et sa femme Hannah ont monté des centaines de centres dans le monde occidental, en pratiquant une forme parfois simplifiée des méditations. À l'époque, j'ai trouvé cette adaptation très intéressante et surtout essentielle, car il s'agissait de résumer et de traduire des textes tibétains parfois très inaccessibles. Sans rien dénaturer, je n'ai jamais songé à l'appropriation culturelle, parce que dans le bouddhisme enseigné par Lama Ole, il y avait toujours la référence à la lignée et la profonde connexion avec le Karmapa. Bizarrement, il y a eu des mésententes avec le Shamarpa, deuxième maître dans la lignée après le Karmapa, au sujet de l'adaptation, c'est le tibétain qui, lui, voulait simplifier encore davantage que Lama Ole. Au bout de quelques années, j'ai ouvert le premier centre de Lama Ole à Paris avec une dizaine de ses disciples. J'étais très souvent à l'accueil des nouveaux puisque nous proposions plusieurs sessions par semaine de découverte de la méditation et du bouddhisme. J'ai très souvent pu constater que les personnes qui découvraient le bouddhisme étaient assez réfractaires à l'aspect religieux. L'idée qu'il y ait un maître, des rituels très précis, dont on ne comprend pas toujours le sens du premier coup, et une forme de hiérarchie dans les pratiques, certaines nécessitant d'avoir reçu des initiations précises pour être suivies, était souvent mal perçue, je me suis demandé si cela dénotait d'une attitude typiquement française, mais sans doute était-elle plutôt occidentale. Je pense en tout cas que nous sommes assez traumatisés par le religieux et que certains n'ont vraiment pas envie de retourner dans un carcan. Même si le bouddhisme est aussi une philosophie, il demeure une religion avec ses règles, ses rituels et ses maîtres. J'ai constaté que beaucoup d'Occidentaux préféraient donc une méditation dépouillée de tous ces attributs.

Je me pose un peu les mêmes questions concernant le chamanisme. Sommes-nous en train de créer un chamanisme «laïc»?

Un chamanisme occidentalisé qui serait dépouillé de ses cosmogonies, de ses croyances animistes, de ses règles et traditions ?

J'ai découvert le chamanisme lorsque ma première éditrice, Sandrine Navarro, m'a demandé d'écrire un livre sur ce sujet. *Je découvre le chamanisme* (éd. Leduc) a été mon premier ouvrage. Pendant son écriture, je me suis souvenue de l'épisode de transe au Sénégal que j'avais complètement oublié, et j'ai pris conscience que mes études en anthropologie seraient un atout précieux pour ce projet. Sandrine m'a ensuite demandé de faire un autre livre, plus complet, et je me suis lancée dans *Ma bible du chamanisme* (éd. Leduc) qui m'a pris toute une année. En faisant ce deuxième livre, j'ai rencontré des chamanes, et j'ai commencé à me poser des questions sur moi. L'aventure de l'écriture sur ce thème, est-ce le sujet qui me suit ou bien moi qui suis le sujet… ? Disons que je me suis dit qu'il y avait peut-être là un message de la part d'esprits. Au cours de plusieurs sessions avec des médiums et l'essai de voyages chamaniques au tambour, j'ai eu des visions. Il me semble avoir identifié des « guides » et des « animaux de pouvoir ». Mais je ne sais pas s'il s'agissait de mon imagination, de ma symbolique personnelle ou pas. Je me suis sentie accompagnée, mais était-ce réel ? La question m'a interpellée, suis-je chamane moi-même ? Sans « divulgâcher » la réponse, ce livre apportera son éclairage.

Partons maintenant à la rencontre de sept chamanes occidentaux, avec lesquels j'ai partagé des moments très particuliers, des conversations et des questionnements, mais aussi écouté leur histoire et essayé d'effleurer ce que nous appelons le « chamanisme occidental » tel qu'il est en train de se former depuis quelques décennies.

MOUDOUMA, L'OURS BLANC QUI A RENCONTRÉ L'AFRIQUE

Ma première connexion avec Moudouma s'est faite par Éric Sunfox Marchal que j'avais contacté *via* leur site Internet chamanisme.fr lors du premier confinement, je préparais alors mon deuxième livre. J'avais interviewé ensuite Moudouma pour un article dans le magazine *Inexploré*. Ce qui m'a attirée chez lui, c'est son lien avec l'Afrique, qui n'était pas sans rappeler le mien.

Il m'invite chez lui pour que je découvre son travail ainsi que ses médecines. Il habite un véritable paradis terrestre dans le centre de la France, en haut d'une petite colline, niché dans une forêt à moitié agricole, à moitié sauvage, entre deux étangs. Avec l'aide d'un de ses amis chamanes, il a pu faire construire une yourte en bois dans laquelle il effectue ses rituels mais aussi les stages avec les élèves qui cheminent à ses côtés.

Juste avant de passer ce week-end chez Moudouma, j'avais fait une retraite de respiration holotropique. Voilà comment cela s'était passé: j'avais, je l'avoue, très peur que cela ne fonctionne pas sur moi. Mais la première musique lancée par nos instructeurs a été africaine et je n'ai pas tardé à «partir». Rapidement, j'ai reconnu ce que j'avais vécu en Afrique, et je me suis mise à danser, même allongée sur le matelas que nous ne sommes pas censés quitter. J'ai ainsi eu la confirmation dans mon corps que ce que j'avais vécu au Sénégal était bien une transe. J'ai reconnecté avec exactement les mêmes sensations. Sauf qu'à ce moment-là, je n'avais plus peur. J'ai pu laisser s'élever ce qui devait. Des colères, des tristesses que je n'ai pas forcément reliées à des événements, plutôt des « restes » d'états d'âme qui devaient être coincés quelque part. Je n'ai pas cherché à comprendre à quoi ils étaient associés, vraiment cela n'avait pas l'air essentiel et surtout, ils ne faisaient que s'élever pour très vite disparaître. Ce qui m'a marquée, c'est la volonté que quelque chose en moi voulait exprimer la possibilité de la transe. Quelque chose me disait que c'était simple d'accès et bénéfique, qu'il fallait renouer avec la danse, le corps, et cet état modifié de conscience qui ouvre à la connaissance. J'ai aussi senti mes guides, ma déesse et l'Archange que je prie, même si je ne suis pas certaine qu'ils soient réellement venus, était-ce de l'autosuggestion ? Mais peu importe, j'ai pleinement conscience que l'important est le symbole. Mes années dans le bouddhisme m'ont appris à ne rien saisir par crainte de la fascination qui mène soit à l'orgueil, soit à une autre forme d'aveuglement donc d'ignorance. Il n'est vraiment pas fondamental pour moi que ces « présences » soient réelles ou le fruit de ma conscience, ce qui importe, c'est ce qu'elles « racontent », ce qu'elles signifient pour moi. Ensuite je peux, tel un jeu de piste interne, comprendre les messages qui peuvent me faire évoluer. Il apparaît donc qu'il faut, si je le souhaite, que je creuse la transe dans la danse et que je suis « accompagnée » dans cette voie. Je me suis sentie très libérée après cette séance. Cependant, la semaine qui a suivi a été terrible physiquement, j'ai atteint un niveau de fatigue inédit, un besoin de dormir insurpassable, accompagné de migraines intenses. Je pense que j'avais été trop loin dans l'effort physique.

Avec Moudouma, l'échange est immédiatement fluide. Nous avons beaucoup de similitudes dans nos questionnements, ce qui me les présente avec un nouveau regard. Nous nous installons dans la yourte et après un long échange, Moudouma entame un chant et une danse qui vont me faire entrer en léger état modifié de conscience immédiatement. C'est un peu plus doux que la transe mais immédiatement, les guides sont là, ils apparaissent cette fois très clairement associés à leurs qualités. Comme un jeu des sept familles avec des «couleurs» de mission. C'est étonnant, j'ai l'impression de suivre un chemin d'apprentissage avec des étapes très claires à chaque fois. Le lendemain, après une longue marche en forêt et des offrandes faites aux étangs et à un très vieux chêne, Moudouma m'invite dans son petit cabinet où il fait ses consultations. Emplies de totems variés, d'images d'ancêtres (français), mais aussi d'offrandes et d'objets africains, mystérieux et non identifiés, deux immenses peaux de bêtes nous observent. Là aussi, c'est un étrange mélange, à la fois des portraits d'aïeux, mais aussi des totems et des animaux qui semblent plus éloignés de notre culture, mais finalement pas tant que cela. Moudouma me fait une divination extrêmement juste accompagnée d'un rituel de recouvrement d'âme et d'offrandes.

— J'ai l'impression qu'il y a plusieurs «vitesses» dans la transe, un peu comme un train qui irait du petit train de campagne jusqu'au TGV, lui confié-je.

— Oui, c'est cela. Nous vivons en présence de deux réalités qui s'interpénètrent, une réalité «ordinaire» (celle que nous percevons avec nos sens usuels) et une réalité «subtile» (celle que nous percevons avec notre intuition, notre intériorité). Un des enjeux de mon enseignement est d'apprendre aux personnes à percevoir en permanence ces deux réalités et à utiliser une sorte de curseur intérieur, qui permet de vivre dans un état de conscience «ordinaire» et, quand cela est nécessaire, d'ajouter à cette perception ordinaire des états modifiés de conscience, qui peuvent aller jusqu'à la transe profonde. L'enjeu est de toujours garder un œil sur les deux réalités en même temps. Il est possible de doser la perception des deux réalités selon ses besoins (ou ses envies) sur cette ligne, la maîtrise du dosage est un apprentissage, me répond-il avec malice.

Cela me confirme bien dans mon ressenti, parfois j'ai la sensation d'être au premier niveau, si l'on se dit que l'état ordinaire est le niveau zéro. Par exemple, en écoutant certaines musiques, ou dans le train justement en regardant le paysage, ou encore lorsque j'écris ou je peins. C'est alors que certaines informations entrent, ou bien des images défilent devant mes yeux, ou encore j'ai des ressentis très précis sur certaines personnes. Lorsque je danse, c'est le cran suivant, et là je ne maîtrise plus vraiment... Il y a sûrement d'autres subtilités qui m'échappent encore à ce stade de mon expérience.

DE L'ART-THÉRAPIE AU CHAMANISME PYGMÉE

Moudouma veut dire «celui qui voit les yeux fermés» en langue pygmée. Dans la vie ordinaire, on l'appelle Guillaume, mais il préfère que je ne donne pas son nom de famille. Son histoire est la sienne, il a dû beaucoup œuvrer pour trouver son chemin de vie et il tient à s'affirmer tout en respectant profondément ses ancêtres.

Il a eu une enfance difficile, comme beaucoup de thérapeutes, ce qui lui a donné envie de chercher un moyen d'expression et c'est le théâtre qui a eu sa préférence, sans qu'il ne sache très bien pourquoi. Les «hasards de la vie» lui ont fait rencontrer une enseignante totalement atypique qui l'a emmené vers un parcours d'art-thérapie par le théâtre. C'est le «premier contact»: «Ces cours de théâtre m'ont permis de découvrir quelque chose que je pressentais à l'intérieur de moi, à savoir qu'il y avait une autre réalité au-delà des apparences.» Pourrait-on dire qu'il s'agit d'un apprentissage discret, comme d'un maître avec son disciple, mais sans le poids des conventions? «C'est très juste, mon enseignante, qui est devenue ma mère spirituelle à la toute fin était, elle-même, en chemin, en évolution, en recherche. Et pour moi, c'était extrêmement nourrissant de voir quelqu'un qui enseigne et aime enseigner, mais qui en même temps est elle-même toujours en recherche. Ce que j'ai appris à travers son enseignement, c'est la perception et la compréhension profonde du corps subtil.» À travers cet enseignement, il a pu découvrir qu'au-delà du corps physique, il y avait un autre corps (subtil) qui témoigne d'une autre réalité (subtile). La compréhension et le maniement du corps subtil qui est lié à l'âme, lié au désir profond d'évolution, permettent de déployer des antennes pour partir à la découverte de tout ce qui aide à s'éveiller à la dimension de l'Esprit et de changer nos vies. Cet éveil, Moudouma va le vivre de manière radicale, lorsque son enseignante découvre elle-même le chamanisme et l'introduit à la tradition pygmée.

Il reçoit alors une initiation qui va changer radicalement le cours de sa vie. « J'avais tout juste 40 ans et tout à coup, une connexion avec les esprits inouïe, inattendue, inespérée est arrivée, où je me suis senti vraiment, à ce moment-là, inspiré et accompagné par eux ! Une nouvelle vie a commencé pour moi, avec la possibilité de voir qu'un "commerce" avec les esprits, une interaction, une forme de proximité, voire de complicité pouvait s'instaurer avec eux. Et, comme un paradoxe pour cette rencontre avec la tradition pygmée, c'est à ce moment précis que j'ai reçu cette extraordinaire connexion avec l'ours blanc. »

Sa vie se densifie alors, et Moudouma rencontre de plus en plus de chamanes, notamment au premier festival du chamanisme auquel il lui est demandé de participer au titre de l'organisation et de la logistique. Il se forme, il apprend, il observe, et petit à petit devient l'un d'entre eux. Dans son parcours, une amitié se distingue avec une grande chamane sibérienne à côté de laquelle il passe de nombreux moments et, sans transmission « officielle », il apprend auprès d'elle par l'observation. Et puis une nouvelle phase de son initiation prend corps lorsqu'il se rend au Gabon et se fait initier sur place, dans la forêt, au milieu des Pygmées. Il se découvre alors totalement connecté à la forêt, et lié à cette culture.

— Mais cela ne leur a pas posé de problème d'initier un « Blanc » ? Un Français ?

— Ça s'était déjà fait. Donc, ce n'était pas une nouveauté. Ce qui se passe, au moment de l'initiation, c'est que les Pygmées regardent l'initié et perçoivent « où il est dans le monde subtil ». Et ce qui était magnifique, c'est qu'à ce moment-là, mes frères et sœurs pygmées m'ont reconnu comme un des leurs. Ils sont venus me demander des oracles, des consultations, des guérisons, comme un des leurs. Et, pour moi, c'était une évidence également.

Pour Guillaume, pour qui l'identité a toujours été un questionnement, la deuxième «naissance» en tant que Moudouma (son nom de chamane), connecté à un lieu comme la forêt du Gabon où il s'est reconnu appartenir, a été salvatrice, comme une guérison. Ensuite sa médecine s'est affinée, car qui ne sait pas mieux guérir que celui qui s'est guéri lui-même?

DE LA PSYCHANALYSE À LA PATIENTÈLE

La dernière étape dans sa «formation-guérison» est la psychanalyse. Ressentant un manque dans sa pratique chamanique, Moudouma cherche à consulter. Commence alors un nouveau chemin, celui de la psychanalyse, avec là aussi une rencontre qu'il qualifie d'extraordinaire, une psychanalyste qui va lui ouvrir de nouvelles clés de compréhension et de guérison. Bien sûr, selon Moudouma, il s'agit d'une excellente psychanalyste (car comme chez les chamanes – ou les plombiers – il y a de tout, des bons et des... moins bons), avec laquelle il peut éprouver «la merveille que représente le cadre thérapeutique, le cadre éthique» dans lequel la relation thérapeutique s'installe. Cette rencontre va être un très grand enseignement. Il va ensuite l'intégrer dans le cadre de sa pratique chamanique et cela va l'amener à remanier son enseignement de manière très profonde. «Je peux dire désormais que ma pratique thérapeutique (consultations et enseignement) se trouve à la confluence de trois sources différentes. Une première source, c'est tout ce que j'ai appris par l'art-thérapie qui m'a ouvert à ce qu'était le corps subtil, une autre source qui est le chamanisme, qui m'a permis de percevoir et d'interagir avec le monde invisible, et puis une source qui est la psychanalyse, qui m'a parlé de l'âme et du cadre éthique fondamental. Et au fond, dans ces trois dimensions, se retrouvent les trois dimensions de l'être.»

Cette compréhension l'amènera à pratiquer ce qu'il appelle sa «médecine» de manière cohérente, même si elle ne sera jamais complète puisque c'est le chemin d'une vie. À ce moment de la rencontre me vient l'idée du syncrétisme, hypothèse numéro un de ma recherche dans ce livre. J'ai l'impression que Moudouma en est l'exemple type, il mêle plusieurs cultures, diverses techniques, en utilisant ce qui est pertinent pour lui, je lui pose la question. «C'est une alchimie plutôt qu'un syncrétisme, entre ces trois sources, ces trois inspirations. Aujourd'hui, dans le monde moderne, il est nécessaire de compléter le chamanisme par d'autres connaissances. Le chamanisme est historiquement lié à des communautés bien précises, et les pratiques chamaniques s'inscrivent sans un contexte social et culturel très marqué. Penser que l'on pourrait transposer ces pratiques de façon automatique dans nos sociétés contemporaines serait une erreur. D'ailleurs, les chamanes dits traditionnels ne s'y risquent pas et sont eux-mêmes dans une adaptation permanente. Le chamanisme est tout sauf immuable, il s'est toujours transformé au fil des besoins des humains! De nos jours, nous vivons dans des sociétés tellement morcelées, éclatées, que l'apport du chamanisme a besoin d'être complété par des sciences "occidentales" en lien avec ces problèmes. Pour ce qui me concerne, c'est avec l'art-thérapie d'une part et ce que m'a appris et m'apprend la psychanalyse que j'ai trouvé ma voie. Et je trouve que cette alchimie, cette confluence, a vraiment du sens dans notre société contemporaine.»

C'est un premier pas dans mes réflexions personnelles et cela apporte de l'eau au moulin que j'observe: lorsque les Occidentaux commencent à manier le chamanisme, ils sont obligés d'y associer des éléments de leur culture. C'est totalement compréhensible puisque le chamanisme repose normalement sur trois éléments primordiaux: une forme de foi, la nature et la tradition.

En Occident, nous avons des difficultés avec ces éléments-là. La foi est malmenée par nos héritages religieux en lesquels nous avons perdu confiance et qui semblent parfois trop dogmatiques, de ce fait nous perdons aussi nos traditions qui sont liées aux croyances, nous les remanions et les perdons aussi petit à petit. Quant à la nature, il est évident que nous en sommes pour la plupart de plus en plus détachés. L'association de l'art, dernier bastion du sacré selon moi, avec la psychanalyse fait totalement sens, car nous avons confiance en notre héritage psychanalytique, véritable découverte occidentale. Pour commencer à «guérir», il faut une forme de confiance.

Moudouma propose donc une approche globale à partir de ses trois «influences»: «En consultation, je peux à la fois faire de l'analyse de rêves, réaliser un rituel chamanique, et proposer une série de gestes en lien avec l'art-thérapie. Le but est toujours d'aider les personnes à rencontrer leur intériorité, leur corps subtil à travers des paroles, des pratiques, liées au mouvement ou des rituels. Les trois se complètent merveilleusement et forment naturellement un tout», explique-t-il.

LA SPÉCIFICITÉ OCCIDENTALE

C'est le moment où j'ai envie de me faire l'avocat du diable et de poser quand même la question du «gloubi-boulga» thérapeutique, qui consiste à mélanger plusieurs outils en ne prenant que ce qui nous arrange en chacun d'eux, au risque de rester en surface. Dès que l'on s'approche de quelque chose de trop dérangeant, hop! la tentation est de changer de technique et de renforcer ce que la psychanalyse appelle à juste titre la «résistance». Le new-new age, comme j'aime à l'appeler, a cette fâcheuse tendance à faire son shopping, nous l'avons évoqué, et de prendre dans chaque spiritualité un peu de ce qui lui plaît, sans jamais rien approfondir. Est-ce que les nouvelles thérapies chamaniques syncrétiques ne seraient pas aussi sur cette voie?

C'est effectivement un grand risque. Il est fondamental, me confie Moudouma, d'avoir un «ancrage solide», c'est-à-dire d'avoir un champ référentiel profond, une pratique ancrée depuis de nombreuses années, qui serait comme le tronc d'un arbre, qui peut s'enrichir *par la suite* de nouveaux enseignements. C'est tout le contraire d'une tendance effectivement très répandue, de nos jours, de faire des stages à droite à gauche, sans se former réellement à une méthode cohérente et éprouvée. Imaginer pouvoir, tout seul, se créer une palette d'outils, c'est une illusion complète produite par «l'ego spirituel». Il faut accepter de suivre un ou une enseignante unique pendant de nombreuses années qui pourra veiller à ce que nous ne prenions pas la fuite à la première «contrariété» et qui, ce faisant, va nous donner un cadre référentiel solide et va nous aider à «concasser» notre ego spirituel. Et c'est seulement au bout de ce temps long qu'il sera possible de voler de nos propres ailes. Alors, la diversité des expériences pourra prendre tout son sens en débloquant des passages et en aidant la personne à révéler ce qu'elle a au fond d'elle-même, c'est-à-dire les clés de sa propre guérison, selon Moudouma.

Il y a une différence que j'explore justement et que je trouve étonnante entre les Occidentaux, et les peuples à chamanisme: j'ai l'impression que dans les sociétés traditionnelles, les gens vont consulter le chamane pour divers problèmes et puis repartent avec leur diagnostic et leur traitement et il y a éventuellement un rituel. Et puis ça s'arrête là, alors que nous, il faut qu'on expérimente. On a besoin de se former, de pouvoir reproduire chez soi... Tout cela est accompagné d'une nouvelle forme de «superstition» qui ne veut pas dire son nom, lorsque je constate ce penchant à vouloir «nettoyer» ses énergies et soi-même, attirer les bonnes choses, etc., se connecter à tout un tas de «bons guides» qui nous enverraient des signes pour mieux gérer nos vies... Si on le fait soi-même, alors cela semble plus «sérieux» que si l'on s'en remet totalement à un chamane?

Moudouma m'explique qu'au Gabon tout le monde pratique le chamanisme (même s'il n'est pas nommé comme tel), il y a cependant des «grades» qui matérialisent le degré d'initiation. Mais surtout, il apporte un point peut-être crucial dans nos sociétés désorganisées, où nous venons chercher finalement d'autres types de réponses: «Souvent, le chamanisme n'apporte pas que de la guérison. Mais il apporte aussi un sens à la vie et, ainsi, le fait de pratiquer aide les personnes à continuer à chercher un sens à leur vie. Ce questionnement n'existe absolument pas dans les sociétés traditionnelles où le sens est présent au quotidien.»

À cet endroit, il faut nous avouer que nous avons drastiquement perdu le sens de nos existences, ballottées çà et là entre un besoin de réussite sociale dont dépend un confort (sacré Graal), et une spiritualité qui a disparu et gommé nos références familiales, et nos étapes de vies. « Les spiritualités peuvent apporter une dimension de guérison, mais aussi et surtout une dimension de sens. Et d'ailleurs, ce n'est pas une surprise, car les deux vont ensemble. C'est-à-dire que trouver du sens contribue à donner aux personnes de la guérison. C'est le fait d'avoir perdu le fil du sens de notre vie qui fait qu'à un moment donné, le corps subtil se détériore et qu'en conséquence, le corps physique (et notre esprit) se met à avoir des symptômes », explique le chamane.

— Et j'ajouterai qu'il y a une autre dimension que propose l'ouverture au chamanisme et qui nous manque furieusement en Occident... c'est la connexion à la nature.

— Absolument, c'est très juste, effectivement, la dimension de renouer avec la nature, avec sa beauté qui vient finalement nous révéler, en miroir, notre propre beauté intérieure. En fait, ce qui nous fait du bien, c'est que contempler la nature nous renvoie (et ce n'est pas de trop !) que nous sommes des membres de cette nature vivante, donc que nous sommes beaux et vivants nous aussi. La contemplation de la nature et de sa beauté vient guérir le sentiment de laideur (et de déni de notre singularité) qui a pu nous être renvoyé à un moment donné de notre vie (et souvent dans notre enfance) !

Le spirituel, la nature mais aussi le corps. J'ai envie de dire que le corps est un peu négligé dans nos sociétés, il ne sert que pour le sport, ou le sexe. Pour Moudouma, utiliser son corps de façon mécanique, comme on le fait (trop) souvent dans la pratique sportive est un déni de son caractère sacré et révèle un vide intérieur. Un corps pressuré par le sport comme cela, sans conscience, c'est comme « manger du fast-food ! », il reste un corps vide de sens. D'où l'importance de retrouver le Sacré dans le rapport avec son corps...

Pour répondre à tous ces manques et donc à tous ces désirs (de sens, de sacré, de guérison personnelle, de reconnexion avec son intériorité, de compréhension des mondes subtils), Moudouma propose à la fois des consultations individuelles (en présentiel ou à distance) et des stages dans son lieu. Les consultations visent à accompagner un processus de guérison et se déroulent de façon périodique et régulière (tous les quinze jours en général). Parfois, la personne se sent guérie de façon très rapide mais, la plupart du temps, il s'agit d'un processus long dans le temps. Par ailleurs, il propose des stages dans son lieu sous forme de Cycles. Un Cycle sur la Roue de Médecine et les quatre Portes celtiques (Samhain, Imbolc, Beltaine et Lugnasad), un Cycle sur les sept Mystères du Monde subtil (en sept stages) et enfin un Cycle sur l'Art de la Protection (se protéger est un des enseignements fondamentaux et souvent négligé quand on est en lien avec le monde subtil).

« J'aide les personnes à retrouver la connexion avec le monde subtil qui commence par la connaissance de leur propre corps subtil et de leur âme. Cette connexion leur permet progressivement de réenchanter leur vie, c'est-à-dire de (re)trouver du sens à leur vie, et à renouer leur lien avec la nature, avec les arbres, avec les pierres, avec les rivières, avec tout le Vivant et surtout avec eux-mêmes. »

Alors, pour Moudouma, à quoi ressemble-t-il, ce chamanisme occidental revisité ? Quelle serait sa vision de ce mouton à cinq pattes fait de traditions importées et de pratiques de chez nous ? Est-il efficace parce qu'il est protéiforme, et qu'en tant qu'humains complexes dans une société complexe, pour avancer, guérir éventuellement, se reconnecter au vivant et au sacré, enchanter son existence et surtout respecter la nature et notre corps, nous avons besoin de médiateurs qui seraient ces chamanes, parlant plusieurs « langues », dont celle des esprits ?

— Ma conviction, c'est que le chamanisme contemporain, s'il est porté par des personnes qui ont un cadre éthique solide, peut contribuer à apporter des solutions concrètes aux différents maux de notre société. Le fait de nous permettre de réinventer notre lien avec le Vivant, avec nous-mêmes dans notre dimension sacrée, avec les autres humains. En opposition à la grande marchandisation du Vivant, la pratique du chamanisme, qui vient rappeler et permettre d'éprouver le caractère sacré des arbres, des animaux, des pierres, de toute la Terre-Mère, peut être considéré aujourd'hui comme une forme d'écologie politique subversive. D'autant qu'il vient interroger toutes les pertes de sens et du sacré qui affaiblissent énormément notre société et les individus qui la composent.

— Sommes-nous tous potentiellement des chamanes ?

— Nous sommes tous doués pour être en connexion avec les esprits. Cela fait partie de notre nature humaine profonde. En revanche, ce qui demande un charisme particulier, c'est l'accompagnement des autres. Nous ne sommes pas tous capables d'accompagner les autres. Mais nous sommes tous capables de nous accompagner nous-mêmes.

Dans sa maison au cœur de la forêt, entourée de la bienveillance des étangs aménagés par des moines, le lieu est un ancien prieuré bercé de leurs prières, Moudouma me glisse (avec malice) que «l'enseignement des Évangiles n'est pas du tout incompatible avec le chamanisme! Quoi qu'en disent les Églises...» Il me raconte la parabole des ouvriers de la onzième heure, ceux qui reçoivent le même salaire que les ouvriers arrivés à la première heure... La générosité, l'altruisme, le don et aussi la spiritualité qui touchera tout le monde de la même manière, que cela soit dès l'enfance, ou au seuil du Grand Passage. Quel que soit le moment, c'est la reconnexion avec le sacré qui est le plus important. Pour Moudouma qui se connecte à ses ancêtres, la référence à la chrétienté fait partie de son histoire. Avec tous ces êtres qui ont prié dans leur foi puissante, cela fait sens, bien sûr, de continuer à prier.

Avec Moudouma, j'aurai donc confirmé mon intuition sur les différents degrés ou paliers des états modifiés de conscience, domaine que beaucoup d'Occidentaux ont envie d'explorer. Il est donc possible de s'y initier et de découvrir ce qu'ils peuvent apporter afin d'apprendre le maniement des corps subtils, et de déployer ses antennes pour éveiller son esprit. Cette dernière notion me fait penser au chemin bouddhique, qui utilise la méditation pour ce faire. En association avec des outils occidentaux comme l'art-thérapie ou la psychanalyse, cela permet de renouer avec une forme de confiance et de «terrain connu». Ainsi, peut (ou doit?) se déployer le soin thérapeutique qui passe par l'introspection à laquelle les Occidentaux sont assez familiarisés et dont ils ont besoin. Moudouma rappelle qu'un ancrage profond et une éthique sont indispensables au chamane occidental afin de ne pas se perdre dans ses différentes voies. Cela semble indéniable, car ce sont des terrains glissants pour toutes les raisons que nous avons évoquées. Les Occidentaux peuvent se lancer dans une quête de sens qui semble aussi leur faire défaut et que le chamanisme peut aider à suivre. Pour cela, deviennent-ils alors des «pratiquants» en chamanisme? Car même si, selon Moudouma, tout le monde peut se connecter aux esprits, ce dont je doute encore personnellement à ce stade de mes investigations, tout le monde peut en effet s'accompagner soi-même sur un chemin initiatique ou spirituel. L'idée d'un syncrétisme est inévitable, en se rappelant aussi fortement que le chamanisme traditionnel, même s'il semble millénaire, n'a évidemment jamais cessé d'évoluer de concert.

Alors, les chamanes occidentaux sont-ils des guides pour des pratiquants en chamanisme à la recherche de connexion avec des besoins identifiés comme: retrouver son lien à la nature, une ouverture de champs de conscience sur l'intuition et le subtil, et un besoin de se guérir de quelque chose...?

ÉRIC SUNFOX MARCHAL, LE RENARD DE FEU

C'est aussi en écrivant *Ma bible du chamanisme* que je suis entrée en contact avec Éric, après des recherches sur Internet. Je suis tombée sur le site chamanisme.fr qui proposait des visios avec des chamanes du monde entier, afin d'en apprendre davantage sur le sujet. Nous avons ensuite organisé une interview à distance, les périodes successives de Covid rendant les déplacements compliqués. Ce n'est que trois ans après que je l'ai rencontré chez lui, dans le Morvan. Lorsque j'arrive, un stage a commencé la veille avec environ vingt-cinq habitués, de tous âges, venus de toute la France, et qui partagent gaiement l'espace réservé aux stagiaires. Fatigués et bousculés par la cérémonie qu'ils ont vécue la veille, je me sens rapidement en harmonie avec l'énergie dans laquelle ils évoluent, puisque je sors de mon rituel avec Moudouma. Nous préparons une marche sur les braises, qui doit se dérouler en forêt. Le printemps a décidé de ne pas encore nous ravir: frigorifiés pendant l'organisation, c'est sous une pluie glaciale que ce mois d'avril se termine. Il fait trois degrés le matin dans le Morvan et à peine six l'après-midi dans ces sous-bois humides. Nous ramassons de quoi faire un grand feu que la pluie n'éteindra pas. Puis c'est pieds nus que nous dansons tout autour, ceux qui ont des tambours en jouent, Éric chante et nous encourage à aller

« au feu », à sa rencontre tant physique que spirituelle pour le saluer de temps en temps. J'adore le contact de mes pieds avec la terre mouillée, la boue qui les recouvre, la sensation de la voûte plantaire qui s'écrase mollement à chaque pas, le massage que cela procure. Cependant, je n'entre pas du tout dans la légère transe qui semble saisir la plupart des participants. Je me demande un peu ce que je fais là et pourquoi ce rituel. J'ai l'impression que nous jouons aux Peaux-Rouges et ça m'agace. Je ne sens pas du tout la présence de mes « guides ». Je ne sais pas si c'est la fatigue ou le fait de ne pas avoir encore « intégré » ce que j'ai vécu avec Moudouma, mais je reste extérieure à ce qui se passe. Sur le moment, je me demande même si c'est une question de culture, de tradition... Peut-être suis-je plus sensible au chamanisme de Sibérie, de Mongolie ou d'Afrique et pas du tout aux vibrations amérindiennes ? Ce n'est pas vraiment logique mais c'est une question à nous poser, avons-nous des affinités aussi selon les rituels ? En tous les cas, les braises sont prêtes tandis que je suis en pleine réflexion, bien saisie par mon mental... et pas du tout dans la rencontre avec l'esprit du feu. Éric et Nadia, son assistante pour cette marche, « ouvrent » la première session, et ceux qui le souhaitent peuvent s'élancer et franchir en trois ou quatre pas rapides la ligne de braises rouges qui ouvre le feu en deux. Je les regarde du coin de l'œil, personne ne semble se brûler, cela doit être facile... Mais lorsque vient mon tour, je n'y vais pas, je ne le sens pas, j'ai peur bien entendu. Je laisse passer la deuxième session aussi, pas du tout motivée. Lorsque arrive la troisième et dernière possibilité, je me dis que je vais sans doute regretter de ne pas vivre l'expérience jusqu'au bout. Je suis venue pour elle... donc, je me pousse aux fesses et m'élance la dernière. Éric et Nadia ont la possibilité d'empêcher quelqu'un de marcher sur les braises s'ils ne le sentent pas non plus. C'est une vigilance tout à leur honneur, et j'avoue m'être précipitée si rapidement que j'ai cru qu'ils n'avaient pas eu le temps de me retenir, ce qu'Éric m'a infirmé par la suite. Le fait est que je me suis brûlée dès le premier pas, enfonçant mon pied sûrement trop verticalement, les pas suivants ont donc été compliqués, j'ai eu mal tout de suite et j'ai crié un «aïe!» violent. La terre trempée et froide a été d'un grand salut, j'ai pu calmer la douleur grâce à la fraîcheur du sol. J'étais assez furieuse contre moi, c'était tellement évident que j'avais forcé le geste, que je n'étais pas du tout dans les bonnes dispositions. Malgré tout, j'étais quand même contente de m'être un peu bousculée et d'avoir sauté le pas, c'est le cas de le dire. J'ai eu une bonne brûlure au talon gauche mais pas sur l'autre pied, ce qui me fait penser que malgré tout, j'ai un peu réussi quand même. Même si Éric a été attentif à ne lier à aucun moment la «réussite» au fait de n'avoir aucune brûlure, et même s'il réfute totalement l'idée de «réussir» ou pas une marche sur le feu. Une autre participante s'est un peu brûlée également, cela m'a aussi rassurée, je n'étais pas la seule... Éric m'expliquera plus tard qu'il s'est déjà brûlé aussi. Cela a fait retomber la pression, rien n'est vraiment magique, c'est une histoire de rendez-vous, qui se passe ou pas. Éric nous dira d'ailleurs que «la magie n'est pas du tout dans de prétendus superpouvoirs de ne pas se brûler avec le feu, la magie est le rendez-vous avec le feu». Peut-être raté pour moi, ou au contraire rencontre sacrée avec le feu? C'est pourquoi j'appréhende la hutte de sudation que je dois expérimenter le lendemain.

C'est assez terrifiée que je pose mille questions à Éric qui y répond avec beaucoup de patience et de détermination. Je sens qu'il me pousse un peu dans mes retranchements, qu'il m'aide à reconnaître certaines résistances comme étant des peurs irrationnelles, et donc à pouvoir les contempler avec assez de distance pour que ce ne soit pas mes peurs qui décident pour moi. Pour lui, dans la marche sur le feu comme dans la hutte, la première porte, c'est de contempler ses peurs sans en être esclave. Mais ce n'est que la porte d'entrée. Il a raison car j'en ai beaucoup.

La hutte se prépare en groupe. On se répartit entre autres les tâches à effectuer dans la matière : remplir les bassines d'eau, préparer le feu, recouvrir la hutte de couvertures, creuser le cœur de terre, rassembler de grosses pierres... Tout le monde est joyeux en cette matinée où la pluie a décidé de nous offrir un petit répit. Le soleil montre presque le bout de ses rayons derrière l'épais brouillard qui s'attarde sur les collines. Je ne peux m'empêcher de m'ouvrir sur mes inquiétudes à mes camarades assignées comme moi à l'eau (encore...). L'une d'elles, d'origine mexicaine, me donne un truc pour respirer : « Quand ça devient difficile, tu pratiques la respiration profonde qu'on fait dans le yoga, et ça va mieux. » Éric dirait qu'il s'agit d'une stratégie d'évitement de l'expérience proposée ! Je ne sais pas si cela me rassure ou pas finalement, de toute façon Éric n'a aucune intention de me rassurer. Lorsque tout est prêt, nous remplissons nos petits sacs d'offrandes de tabac, en faisant des prières qui sont autant des remerciements, des grâces que des souhaits. Et c'est en tenue la plus légère possible, en maillot de bain pour moi, que nous nous réunissons enfin autour du feu, qui se déploie à quelques mètres de la hutte. Je grelotte, il fait toujours aussi froid et je me dis que cela va faire du bien de se réchauffer bientôt. Éric commence le rituel et m'invite à le suivre en premier, nous ne sommes que trois sur vingt-cinq à faire notre première hutte, tous les autres connaissent déjà. Nous entrons à quatre pattes, dans une invitation à l'humilité, à nous rapprocher de la terre respectueusement, et nous nous asseyons sur deux rangées autour du trou creusé dans la terre, ce cœur de la hutte porté de façon sacrée à l'extérieur de la hutte est alors le tertre, notre autel. Les dizaines de couvertures qui recouvrent la hutte la plongeront dans le noir lorsque la porte sera refermée. Le sol est frais et l'herbe mouillée promet d'être une alliée. J'ai une très bonne place, pas loin de la porte, au second rang, donc protégée par une personne devant moi des pierres incandescentes. Mais y a-t-il de bonnes places dans le cercle de la hutte ? Et cette image de protection est encore une fois le reflet de la stratégie d'évitement mise en place par rapport à des peurs. Éric demande au gardien du feu resté dehors de faire rentrer sept pierres qui rapidement réchauffent la hutte. Lorsqu'il referme la porte, nous sommes dans un noir insondable, les pierres rouges n'éclairant pas assez. Et puis l'enfer commence : l'eau déversée sur les pierres s'évapore à cent degrés et nous transforme en raviolis vapeur. Éric chante et joue du tambour ainsi que ceux qui en ont un. Il me précisera ensuite que plus que de simples chants, ce sont des prières, des chemins, des ouvertures, des guidances, des soins, des reliances. La vapeur me brûle la peau mais surtout m'empêche totalement de respirer. J'ai une immense panique qui me prend avec la conviction que je ne vais jamais tenir et qu'il va falloir que je sorte, tout mon corps et mon esprit m'envoient des signaux de détresse normaux, puisque je suis dans une situation de péril. C'est tout naturellement que mon instinct de survie se manifeste et me dit par tous les moyens possibles : « Hé ho ! il faut se sauver tout de suite ! » À ce moment-là, je ne sais pas qu'il y a des « portes » dans le rituel, des moments où le chamane va ouvrir la hutte, ce qui va nous soulager même si ce n'est pas pour cela qu'il ouvrira la porte. Je crois que je vais devoir endurer plusieurs heures comme ça. Donc, cela me paraît insurmontable. Je tente de résister le plus possible, en me recroquevillant au sol, resté frais, dans la boue et l'herbe qui me soulagent. Je vois tout ce qui s'élève en moi, les peurs, la colère, la détresse et je ne peux pas m'empêcher de trouver cela très intéressant. À quoi pense-t-on dans un moment pareil ? Que sommes-nous ? Un petit animal vulnérable pris au piège des éléments. Eau, terre, air et feu permettent à l'éther d'apparaître. La hutte de sudation n'est qu'un nom qui abrite l'*inipi*, le rituel qui a du sens. Le chamane demande l'ouverture de la porte et l'air frais s'engouffre, échangeant sa place avec une volute de fumée blanche exhalée par la hutte. Tous mes camarades sont rougis et dégoulinants, mais encore vaillants. Je suis plaquée au sol. De nouvelles pierres sont ajoutées. Je commence à comprendre qu'il va y avoir des « pauses » comme celle-ci alors je reprends espoir de tenir le coup, même si Éric nous invite plutôt à abdiquer. La deuxième porte, ou session, est plus difficile encore, l'eau bout sous les pierres, on l'entend crépiter, l'air a disparu sous la hutte refermée, il n'y a plus que de la vapeur en suspension. « Aide-toi de la Terre pour respirer ! » crie Éric à l'assemblée. Je lui obéis en aspirant au ras du sol, le nez entre les herbes, telle une bête traquée. Cette animalité magnifique nous rend tellement humbles. Je repense à cet instant à ce que nous avait dit Éric : que toutes les personnes importantes qui doivent prendre des décisions devraient passer par l'*inipi*. C'est justement ce que faisaient les Amérindiens. Avant chaque choix pour la communauté, ils pratiquaient la hutte, pour consulter les éléments et s'en remettre à plus grand qu'eux. J'écoute mes frères et sœurs humains qui chantent à bout de souffle dans le noir, ils se soutiennent, ils m'aident par ce chant à supporter la chaleur étouffante, je pense à eux et des larmes de reconnaissance coulent. Mais pourquoi ne pouvons-nous pas être cela les uns pour les autres sur cette terre ? Solidaires, amis, compréhensifs ? Je fais des souhaits, j'expanse cette hutte à la planète… Lorsque la porte s'ouvre encore, tout le monde est allongé ou presque, même les plus vaillants cherchent la terre fraîche et le peu d'air respirable. Il n'y a plus de grand ni de petit, de jeune ni de vieux, de femme ni d'homme, il n'y a plus que des êtres vivants qui résistent, qui rendent les armes. Ces peaux et ces corps quasi nus sont tellement beaux dans cet abandon. La quatrième porte est plus douce, elle permet d'accueillir plutôt que de résister. Le chant aide à respirer, il permet d'ouvrir le diaphragme, je chante ce que je peux, je n'ai le choix que d'offrir mon chant à la Terre, comme le dit Éric. Les tambours sont tous sortis, la peau distendue, certains camarades toussent, d'autres pleurent, d'autres gémissent… Lorsque c'est enfin terminé, je sors juste derrière Éric et j'éclate de rire, la joie me saisit, il ne reste plus que cela. J'ai tout déposé dans la hutte, la terre va transmuter nos noirceurs. Je suis tellement reconnaissante. Je sens que c'est une vraie « médecine » au sens chamanique du terme, un rituel qui soigne, qui a sa propre voie de guérison, comme un onguent que l'on applique et qui guérit ce qui doit l'être.

Malgré tout, ce rituel, je l'ai effectué avec des inconnus, des personnes rencontrées la veille alors que les Amérindiens le faisaient en tribu, avec des êtres proches. Cela me questionne. Nous sortons de cette hutte et tout le monde rentre chez soi. Avec ce qu'il a reçu de la Terre, avec ses transformations, ses questions… Je me fais la réflexion que c'est encore un trait occidental qui tend vers l'individualisme.

Éric n'aime pas qu'on parle de son parcours et des initiations qu'il a reçues, auprès de qui, quand, comment... Il souhaite garder un flou «artistique» autour de sa formation: «Je ne sais que trop bien combien l'image du chamane peut être source de projection, de transfert, de fantasmes, et combien il est plus important de parler de la voie chamanique, et de la pratiquer, plutôt que de parler de moi.» C'est compliqué parce que ma démarche est justement d'essayer de comprendre les parcours pour ensuite faire émerger une vision des éléments culturels qui s'imbriquent. Sans ces informations, il me manque une partie de la réflexion. Tant pis, il faut faire avec, mais Éric me confie quand même qu'il a commencé par un amour fou pour la nature, vivant à proximité, qu'il a passé son adolescence et ses années de jeune adulte à courir et à arpenter les forêts vosgiennes. Un rapport particulier à la nature: «Alors que je faisais sport-études, je passais quatre heures par jour à me dépenser en forêt. Je croyais que le sport était ma passion, en réalité, c'était le fait d'être dans la nature, dans cet état modifié de conscience, avec l'ivresse des coureurs de fond, les drogues sécrétées par le corps. J'ai compris que la nature est un "mode de conscience". C'était une sorte de préambule...» Vient ensuite cette connexion à l'esprit du feu. Éric est issu d'une famille de forgerons et d'un grand-père forgeron et guérisseur qui soignait en posant les enfants sur l'enclume. Il y a donc un héritage ici, quelque chose d'une lignée. «Mon point de départ, ce sont des questions typiques d'adolescents et de jeunes adultes que de trouver du sens aux choses ou de chercher ses priorités. J'étais attiré par une vie que je voulais autre que simplement hédoniste ou consumériste. Et en cherchant, je suis passé par la méditation transcendantale, par le yoga, plein de choses. Et un jour je suis tombé sur un chamane! Je croyais que cela n'existait plus, que c'était un truc ringard qui n'était plus à la mode. C'était pourtant il y a une trentaine d'années... J'ai rencontré Jean-Claude Sujet, un chamane en France à l'époque, ça ne courait pas les rues... » Ce dernier le prend sous son aile et l'entraîne, lui fait découvrir les rituels, les secrets de la nature, des esprits... Définitivement dans l'action, « il n'y a rien à dire mais il y a beaucoup à faire », dit Sujet dans une vidéo. Il lui présente aussi d'autres chamanes et lui permet de recevoir des initiations, principalement lakota, des cérémonies autour de la pipe, du feu avec Archie Fire Lame Deer... Ensuite, Éric entreprend quelques voyages en Amérique du Sud pour découvrir encore d'autres rites, d'autres savoirs. Brésil, Mexique... il reste évasif là aussi, puis le retour en France et déjà il participe à l'organisation des premiers festivals autour du chamanisme, permettant des rencontres, des échanges. Éducateur, ce qui passionne Éric, c'est tout ce qui peut aider les adolescents à se sortir de passages compliqués. Son chamanisme a rapidement été teinté par les sciences sociales occidentales, parce qu'à cette époque, en tant qu'éducateur, il a dû travailler avec les bases de la psychologie de l'accompagnement et comprendre les rites de passage pour adolescents. « C'est la rencontre des deux qui m'a intéressé. Mais dans le métier d'éducateur, j'étais limité parce que mon travail consistait à ce que les jeunes soient "un peu moins" délinquants, aillent "à peu près bien". Je faisais de la réinsertion professionnelle dans laquelle on suivait des processus pédagogiques pour les accompagner. Cela étant, j'étais très limité dans ce que je pouvais faire. Je m'adressais à l'individu dans la société et à travers un cadre très précis de réinsertion professionnelle. Ce cadre était trop petit par rapport à ce que je vivais en chamanisme à côté, dans un processus, c'est vrai, s'adressant plus à l'âme et au soi.

Tout cela, c'était des outils que j'ai pu rencontrer en chamanisme et en sciences sociales, et psychologie occidentale, et que j'ai pu parfois associer», raconte-t-il. Puisqu'il ne souhaite pas entrer dans les détails de sa formation, il est malgré tout important de comprendre de quelle manière il aborde le savoir de ses pratiques. Il revient sur les dix mille heures passées sur une activité qui, à son sens, sont le garant d'une forme de savoir. Lorsque l'on passe dix mille heures sur un violon ou sur une planche de surf ou à étudier une matière ou encore à pratiquer le chamanisme, il est fort probable que l'on commence à savoir de quoi l'on parle. Le cerveau petit à petit construit sa plasticité en fonction de ce qu'il aura pratiqué et sera plus efficace. Il est même nécessaire que cela soit réalisé sous la conduite d'un maître, comme on peut avoir un directeur de thèse à l'université, il est souhaitable d'avoir quelqu'un de plus expérimenté que soi sur son chemin.

ACCOUCHER DE SOI-MÊME : L'*INIPI*

Plus que de raconter son parcours, s'attarder sur ce qu'il peut apporter aux êtres le passionne. À quoi sert-il ? Que peut-il éclairer chez les personnes qui viennent le voir ? Alors, dans le prolongement de ce qu'il faisait avec les adolescents, aujourd'hui c'est comme s'il aidait les consultants à «accoucher» d'eux-mêmes. La hutte de sudation en est le parfait exemple. Sortir de la gestation, après les douleurs de l'accouchement, pour prendre sa place dans le monde. Éric aime décrire le processus de l'*inipi*, le rituel de la hutte, dont il a reçu la «charge» par une femme médecine lakota :

«Traditionnellement, il y a souvent quatre portes. Je suis attentif à ne pas dogmatiser parce que parfois ça se présente autrement, il peut y en avoir jusqu'à seize. Mais en tout cas, il y a une progression et des étapes. Il y a des réactions d'abord physiquement : on va se battre contre la peur, on va être témoin de nos réactions qui vont nous faire encore plus peur. Cela va nous permettre d'aller à l'étape d'après, que ce soit la chaleur, les battements de cœur, et ensuite on va accéder à un état qui peut être cathartique. Et il y a un travail d'accompagnement de la catharsis, de tout ce qui est bloqué, de tout ce qui n'ose pas s'exprimer, de tout ce qui est refoulé, c'est important aussi d'accompagner à cet endroit-là. On peut arriver à des états où on laisse un peu tomber le mental et les identifications, il y a des choses qui abdiquent et qui laissent la place à quelque chose de plus profond. Alors, une quatrième étape est possible, qui est une étape transcendantale de reliance à plus vaste que soi. » Pour Éric, les pratiques sont toujours des processus, loin du développement personnel ou d'effets de guérison, même si cela peut arriver aussi. Ce n'est jamais l'objectif. Il ne s'adresse pas à la personne, ni au moi ni aux symptômes de la pathologie, même s'il peut entendre les plaintes et accueillir. Il se dit être au service du papillon, pas de la chenille. « Pourtant, forcément, je n'ai que des chenilles qui viennent me voir. » L'idée est de trouver des processus initiatiques qui permettent des transformations. Le papillon passe par la chrysalide. L'endroit où se trouve le chamane, c'est l'ombre de la chrysalide. La chenille est donc en souffrance ou en peur car elle est en train de mourir, elle doit lâcher le précédent état. Éric se sent comme un jardinier, il accompagne les forces de vie qui sont naturelles, il arrose, il met à l'abri, il ajoute du fumier, il va enlever trois insectes, il va permettre que ça pousse.

Éric s'appuie sur un tabouret à trois pieds dont l'un est le chamanisme, le deuxième ses connaissances en psychologie occidentale contemporaine et le troisième bâti sur des savoirs indiens comme le tantra ou le yoga qu'il pratique aussi depuis trente ans.

— Que penser de cette assertion de Mircea Eliade qui dit qu'il n'y a pas de chamanisme en Occident parce qu'on ne peut détacher le chamanisme de sa culture d'origine?
— Je crois qu'il a raison en ce qui concerne le chamanisme qu'il a étudié. Simplement, il n'a pas imaginé que le chamanisme contemporain n'a de sens que s'il s'adapte à la culture des autres. S'il s'adresse à des Occidentaux du XXIe siècle, il va falloir prendre le meilleur de la culture des Occidentaux du XXIe siècle: les neurosciences et les sciences cognitives, la psychologie, font partie d'une culture commune sur laquelle on peut s'appuyer. J'en reviens aux trois pattes du tabouret. Et les textes indiens, pour moi, viennent combler un manque du chamanisme qui est l'absence de textes, car ce sont des traditions orales. Les textes indiens sont une richesse, notamment sur l'exploration des états de conscience. Davantage par rapport à ce que j'ai pu trouver dans les contes chamaniques qui sont parfois un peu enfantins. Tout se complète et vient s'interroger.
— Il y a cette question qui me taraude aussi: pourquoi les Occidentaux ont-ils envie d'essayer? Je veux dire par là que dans de nombreux pays, la population va consulter un chamane pour répondre à une demande précise, le chamane va faire son rituel et chacun repart chez soi. Ici on a besoin de faire son tambour, de connaître son animal totem, de marcher sur les braises... comme si l'on voulait maîtriser et reproduire, une manière de contrôler les choses, un manque de confiance peut-être?
— Je crois qu'il y a deux ou trois raisons à ça. Tu as raison, je te rejoins complètement, en ce moment en France, beaucoup

de personnes veulent être chamanes. Pour les peuples à tradition chamanique, c'est un sacerdoce, c'est une malédiction et le chamane vit à la marge. En revanche, *chez eux*, on repère très vite les gens qui ont des capacités et on les accompagne, on les forme pendant longtemps. Et ça veut dire dix ans de pratique derrière et non pas je reviens d'un voyage et je suis chamane parce qu'on me l'a dit. Quand le chamane traditionnel dit «tu es un chamane», il sous-entend «j'ai repéré des capacités en toi, qui font que si tu bosses dix ans avec moi, il y a possibilité de faire quelque chose». Le chamane a des trésors à transmettre, et personne n'en veut. Chez nous, il y a des gens qui sont très demandeurs. La mésentente vient du fait que pour le chamane traditionnel, il est si évident que la personne va devoir bosser avec lui pendant dix ans qu'il n'imagine pas que l'Occidental de base voulait simplement entendre: «Tu es chamane. Rentre chez toi et installe un cabinet.» Il a entendu qu'il est chamane mais, en réalité, il est comme avant, il n'a qu'à peine commencé sa longue et difficile initiation, mais il fait sa carte de visite, il fait son site Internet et il se lance. Il croit qu'il transmet quelque chose alors qu'il n'a pas commencé le travail sur lui-même. Ce travail sur soi, il est dur, il est ingrat. On va être confronté à toutes nos peurs, toutes nos folies, ce qui n'est pas réglé dans la famille, c'est d'une difficulté incroyable. Donc, il est normal que personne ne veuille de cela. Il y a aussi des initiations très difficiles. L'autre difficulté, c'est qu'en Occident aujourd'hui, il y a une image du chamane qui relève plutôt du quiproquo, celle de Gandalf dans *Le Seigneur des anneaux*, une sorte de sorcier, avec une image très positive genre Merlin, et qui est idéalisée. On veut faire du développement personnel avec une sorte d'image ultime du chamane ou du yogi ou encore d'un personnage qui serait un mélange de Jésus et d'un magicien. C'est pareil avec le concept de réincarnation. Les gens qui en parlent sont statistiquement neuf sur dix à avoir été des empereurs, des pharaons, quand la majorité de la société était constituée de paysans. Bizarrement, tout le monde était pharaon! Tout cela parle de l'individu et du moi idéal: de l'ego spirituel. Eh bien, tout cela justement va être cassé, laminé dans l'initiation.

Selon Éric, l'écart se fait au moment du «passage» entre le développement personnel et la spiritualité. En effet, il est intéressant de juxtaposer les deux. Le développement personnel est la nouvelle voie à la mode en Occident pour qui ne se sent pas très bien dans sa vie et souhaite améliorer tout, lui-même, sa condition, sa vie personnelle et professionnelle. L'idée est donc qu'il faut se «développer». Mais dans cette notion, il y a la base: le personnel. Et c'est là où tout est antinomique avec la spiritualité qui justement tend à universaliser. Le «je» est minuscule en comparaison de l'Univers. La voie spirituelle commence là où le développement personnel s'arrête, car il y a un moment où l'ego doit passer au second plan et arrêter de vouloir être une version améliorée de lui-même. Or on ne peut pas pratiquer le chamanisme en dehors d'une spiritualité, sinon cela ne veut rien dire. «Cet attrait des Occidentaux en ce moment est un mélange d'individualisme et de développement personnel: je veux devenir toujours "plus". Et donc l'image du chamane est attrayante. Mais si on ne fait pas le sacrifice de la durée de l'enseignement, et du renoncement à une vie autocentrée, alors il y a un malentendu et c'est l'individu, l'ego, qui s'empare du chamanisme. Pas étonnant que ce soit à la mode!» s'amuse Éric.

LA NATURE AU CŒUR DE LA RENCONTRE

Le rapport à la nature est quand même au cœur de l'expérience chamanique, particulièrement chez Éric qui vit en bordure de forêt et y passe tout son temps disponible. C'est ainsi aussi qu'il entend transmettre à ceux qui le suivent ou le consultent. Pour lui, la symbiose avec la nature est la base même du chamanisme dans les sociétés traditionnelles. Il nous compare, nous les Occidentaux, à des adolescents en crise qui font du mal à la Terre-Mère, qui oublient leur lien et qui ont la capacité de la mettre en danger. Nous avons oublié sa bienveillance. Mais il n'est pas dupe non plus du rapport à la pollution que peuvent aussi avoir les chamanes des sociétés traditionnelles. Il se rappelle ce chamane au Mexique qui jetait ses détritus autour de sa maison. Alors, bien sûr, ce sont aussi des habitudes, autrefois il jetait aussi ce qu'il n'utilisait pas de cette manière, mais c'était constitué de matières naturelles. Maintenant que le plastique a fait son entrée partout, les déchets sont polluants, et il n'y avait pas de ramassage organisé à cet endroit. Sans idéaliser la conscience de la pollution chez les uns plus que chez les autres, il semble donc qu'une forme de destruction soit générale. L'écologie est devenue quelque chose de très politique, de très économique. Il s'agit de revenir à l'expérience personnelle. « Celui qui se relie à un arbre, à un animal, à une plante, à un lieu... aura sa propre relation avec cet animal, cette plante, ce lieu, et ce lien en grandissant est un lien d'amour, il peut comprendre alors la puissance de la nature au sens large, et cela deviendra une évidence d'essayer d'entrer en harmonie avec elle. » Pour Éric, il ne peut y avoir qu'une écologie sacrée, qui n'est pas une simple écologie biologique. De la même manière, la science n'a pas toutes les clés. Il en va de même dans le rapport à la nature, on peut toujours chercher des solutions technologiques aux différents problèmes, mais l'essentiel sera pourtant de revenir au sacré, au lien fondamental qui unit le vivant. «Science sans conscience n'est que ruine de l'âme...», écrivait Rabelais.

LE NÉOCHAMANISME ET LE NÉO-NÉOCHAMANISME

Aujourd'hui, nous sommes dans l'après Michael Harner et dans l'après Castaneda. Ces deux précurseurs ont amené à leur manière le chamanisme à l'Occident. Éric reconnaît leurs bienfaits, mais aussi leurs limites. Michael Harner a permis une forme de rationalisation en amenant le chamanisme dans les universités et en faisant le lien avec la psychologie. De son côté, Castaneda a permis d'ouvrir des portes moins rationnelles. Michael Harner, quant à lui, parle du nagual (que l'on traduit parfois par «l'inconnaissable»). «C'est comme s'ils avaient bossé à deux. Il y a un qui s'occupait du tonal (le connaissable) et l'autre du nagual», s'amuse Éric. On ne peut pas décorréler ces expériences du mouvement hippie, et avec ses excès. Ainsi, pour Éric, les lecteurs de Castaneda ont confondu l'initiation avec la prise de drogues, alors que le rapport aux plantes est beaucoup plus complexe. Quant à Michael Harner, il résiderait dans l'ultrarationalisation, créant une forme de «protochamanisme», qui reste à la porte du chamanisme. À la manière d'un Jung qui présente ses écrits «sérieux» la journée pour conserver sa place universitaire, et dont on découvre l'œuvre de nuit, grâce au *Livre rouge*, instruit grâce à son daemon, Philémon. Ce qui est intéressant aussi, c'est de se placer du point de vue de la préparation et de l'accompagnement. Castaneda rappelle qu'il faut nettoyer le tonal, les petites îles du tonal, et Harner qu'il faut faire un travail psychologique de notre histoire personnelle qui, pour Éric, est nécessaire et indispensable. «Mais alors, quand la psyché est à peu près explorée, on est apte à commencer à aller se perdre dans l'océan du nagual qui, lui, est infiniment plus grand, inconnu et inconnaissable. Pour ça, il va falloir abdiquer devant la croyance qu'on va pouvoir mettre tout cela dans nos petites têtes. Mais, en revanche, on peut en reliance et dans cette ambiance se prosterner, être en grâce», précise Éric.

Dans la théorisation de Michael Harner, il y a le fameux «voyage au tambour chamanique». Éric rappelle que lorsque l'on a des bases d'hypnose ou d'autohypnose, de sophrologie ou encore des notions de ce que l'auto-induction peut faire, on ne peut que regarder ce phénomène avec un peu de distance. À faire seul ou accompagné par un «chamane» formé, le voyage au tambour est essentiellement une reconnexion avec une dimension imaginaire induite. Que cela soit afin d'aider, au mieux, il s'agit ni plus ni moins que du phénomène de visualisation que les bouddhistes expliquent très bien. Sauf que chez les bouddhistes, c'est très clair et très cadré, cela ne cherche pas à vendre du rêve.

Pour Éric, chez Michael Harner, ce n'est pas très clair, cela se rapproche, sans l'atteindre, de ce que René Guénon appelle le monde imaginal, à la porte des archétypes: «La pitoyable caricature de ce qu'est devenue la rencontre de l'animal totem avec ce genre de technique... On ferme les yeux et, au son du tambour, on est guidé. Tout d'abord à trouver un trou dans la terre ou dans un arbre, à descendre sous terre. Et là, votre animal totem vous attendra, vous allez dialoguer avec lui et vous allez revenir. Bon, c'est un programme tout tracé. Donc, neuf personnes sur dix voient un animal. Si je suis conscient que c'est le fruit de ma volonté propre, de mon imaginaire, de ma visualisation, ou des inductions du chamane, c'est très bien, je peux visualiser quelque chose. Et puis il y a le terrible cercle de parole après vingt minutes de tambour, le cercle de parole dure une heure et demie. Et là, c'est le concours à l'ego : qui a vécu quoi. » S'ensuivent des témoignages, manifestant souvent que cet état semi-conscient a seulement permis de se relier à son moi idéal, à une forme d'ego spirituel. Même celui qui n'a rien vu sera influencé et, sans mentir, aura tendance à vouloir témoigner de quelque chose, pour se conformer au groupe. « Voilà les dangers, un new age légèrement à l'eau de rose qui est quelque chose un peu sans fondement. Un syncrétisme, mais bon enfant, un peu rêveur, appuyé sur des rêves et sur le sentiment de toute-puissance. On n'est pas loin de l'ego spirituel », déplore Éric. Il promet aussi une claque « virtuelle » au prochain qui lui parlera de « pensée positive », « loi d'attraction » et autres « pensées magiques », ces dernières étant non seulement un peu stupides de premier abord, car qui n'est pas attiré par l'aspect lumineux de ces pensées, mais en plus très culpabilisantes pour certains, qui font de leur mieux et vivent des épreuves. Nous sommes à mon sens dans une forme de néo-néochamanisme, celui qui suit le néochamanisme, pile dans son sillage, avec de bonnes intentions, mais peut-être à l'arrivée quelque chose qui s'éloigne un peu trop d'une forme de vérité. Aujourd'hui, pour Éric, on ne peut pas faire l'économie de la connaissance scientifique et le chamanisme doit aussi évoluer avec ce savoir-là, qui est en perpétuelle évolution. Dans les sociétés traditionnelles, il y a des sagesses ancestrales qui apportent énormément de connaissances, mais il y a aussi beaucoup de « conneries » et jamais le chamanisme ne doit se retrouver en porte-à-faux avec la science : « Quand il est en désaccord avec la science, eh bien, c'est la science qui a raison », assène-t-il. Encore faut-il que le message scientifique ne soit pas non plus déformé...

QU'EST-CE QUE LE CHAMANISME AUJOURD'HUI ?

Pour Éric, le chamanisme d'aujourd'hui représente un objet de pouvoir qui comporte des dangers. Le premier est le dogmatisme: le fait de tendre à devenir religieux et rigide, mais aussi de créer des «gourous» qui prennent le pouvoir et donc n'aident pas les autres à prendre le leur. Le risque aussi que l'on remarque tous, c'est le gloubi-boulga indigeste de mélange de croyances diverses, de pensée magique et autres simplifications, même si au mieux il y a une volonté d'aider son prochain derrière, il y a de multiples risques de simplement se faire plumer le porte-monnaie. Mais lorsque l'on parle de se former au chamanisme, pour Éric, il n'y a pas de doute, c'est un chemin très long et difficile. Et certains pensent qu'au bout d'un stage ou deux, il est possible de pratiquer... «Je pense toujours à l'effet Dunning-Kruger qui explique bien le lien absolument non linéaire entre les capacités que l'on croit avoir, la confiance que l'on a en nos capacités et notre niveau ou nos capacités réelles. Donc, très rapidement, on atteint une sorte de sommet de l'ignorance! Le moment où l'on croit savoir plein de choses... alors que l'on vient à peine de commencer. Mais après, il y a un retour au réel auquel je crois beaucoup. On va s'apercevoir que l'on a beau avoir mis du sel et fait trois grigris, il ne se passe pas grand-chose. La confrontation au réel dans le chamanisme nous oblige au pragmatisme. Si le chamanisme a perduré dans des endroits difficiles, en Sibérie, chez les Inuits, c'est que, à un moment, il a été confronté au réel. Et il y a un tri qui se fait. C'est une spiritualité, une voie qui a la prétention soit de ramener du gibier, soit de guérir quelqu'un, soit de permettre une expansion de conscience, soit que la personne aille mieux dans sa vie, qu'elle soit reliée et perçoive sa place dans l'univers. Puisqu'elle a des prétentions comme ça, à un moment, elle va être confrontée au réel... Donc, en ce qui concerne le chamanisme contemporain, le retour au réel risque d'être puissant pour certains et il me tarde qu'il passe de mode ! », commente Éric. Sans compter qu'aujourd'hui avec Internet, et c'est valable pour tous les domaines de l'accompagnement, on a bien compris que ce sont les meilleurs communicants qui obtiennent le plus de clients et de récupération pécuniaire. Et ce ne sont pas les plus authentiques qui sont en première ligne. On en revient aux dix mille heures ou bien les dix premières années qui sont juste un début. On se pose tous ces questions-là car l'avènement des formations en ligne, l'accès « libre » à énormément d'informations et le penchant occidental d'aller vite, de penser pouvoir s'approprier des techniques rapidement, cause énormément de tort à tous les enseignements véritables.

— Comment ne pas avoir peur que tout cela soit dévoyé ?

— C'est une vieille question. Déjà André Riehl se la posait en ce qui concerne le yoga dont il évoquait la mode et le risque de dévoiement. C'est vrai que lorsque j'ai commencé il y a trente ans, on était une quarantaine en France. Quand on se réunissait pour un festival, on invitait les quarante qui existaient, il y en avait trente ou vingt qui venaient. Maintenant, il y en a sûrement plus de mille. Moi, je pense qu'il y a un tri qui va se faire, mais le chamanisme en sortira-t-il dévoyé ? Ce qui est important, c'est qu'il soit vivant et efficient. Et donc, le chamanisme contemporain sous sa forme actuelle va sûrement s'effondrer. Il y aura un autre truc qui va émerger. En revanche, l'essence de ces choses-là, de la place de l'homme dans l'univers, les questionnements existentiels et spirituels, le lien entre le corps et l'esprit, entre l'individu et la transcendance, entre l'individu et la nature, c'est universel et intemporel. Le mot *chamanisme* est galvaudé, il est devenu pratiquement l'inverse de ce qui m'intéresse, dans le sens où il est devenu un ramassis de croyances... Moi, ce qui m'intéresse, c'est cette voie, une voie spirituelle avec des étapes, avec des initiations qui permettent de devenir des papillons, de devenir soi-même. Bien sûr, les pratiques et les techniques de base sont importantes, mais là n'est pas l'essentiel. Nous avons monté pendant sept années de suite une formation sur trois ans avec douze chamanes du monde entier : le compagnonnage. On se rend bien compte que la technique ne suffit pas, sinon des robots pourraient le faire, peut-être ChatGPT ?! Non, cela se passe ailleurs... Ce qui est important, c'est d'avoir une pratique, dans un cadre qui dépasse notre simple personne.

Finalement, tout est support, que l'on étudie le tarot de Jodorowsky, l'utilisation de la psychomagie (qui d'ailleurs se dit psychochamanisme en espagnol, Jodorowsky étant un grand admirateur de Castaneda, qui pense que l'on peut accéder au *nagual* par l'art), que l'on cherche à faire de la divination dans du marc de café ou des tripes de pigeon, l'essentiel est ailleurs. « Parce que ce n'est pas la technique qui importe, c'est ma capacité à écouter l'autre. Ma capacité à me relier. Alors, je peux lire dans n'importe quoi », s'amuse Éric. En effet, pour avoir écrit le livret d'un oracle sur le chamanisme[1], il est vrai que l'important est de s'approprier l'outil et de pouvoir à un certain moment être un canal d'informations. Passent-elles par l'inconscient,

1. Melanie Chereau et Matt Roussel, *L'Oracle des chamanes*, Leduc, 2023.

par d'autres moyens subtils ? Le tout est qu'elles soient, à un moment, décryptées et conscientisées. « Devant les questions de la vie, de l'énergie, de l'invisible et du sens, des générations passées, des générations futures, de la reliance, de la transcendance, de la magie ou du sacré, nous sommes tous simplement et universellement humains. Ce qui est intéressant, c'est que le chamane a une vision holistique de tout cela. Mais c'est bien aussi que se mettent en place des structures et une démarche scientifique de validation. Car c'est une démarche empirique le chamanisme. Gardons cela et continuons à creuser ! », conclut Éric.

J'ai quitté Éric, sa compagne, leur maison et leurs chats avec la sensation de m'être fait des amis, sur ce chemin de rencontres, avec l'envie de revenir, d'en savoir plus, car Éric est un véritable Sioux, si je puis dire. Il garde plein de secrets, il se veut accessible, humain et compréhensif, mais il demeure bien mystérieux. C'est assez normal, finalement, de garder une part à découvrir. J'aime son regard très pragmatique et dans l'accompagnement inlassable.

Avec Éric, j'ai vraiment été confrontée aux éléments, à la peur et au lâcher-prise. Mais je reste avec cette question de tribu, le fait de faire de telles expériences avec des inconnus, c'est une manière « à l'occidentale », je me demande si cela dévie le rituel ou pas. Éric pratique un chamanisme avec une forme de syncrétisme aussi puisqu'il y associe ses connaissances en psychologie et en tantrisme et yoga. Qu'importe la technique, pour lui l'humain est dans une universalité qui le fait dépasser la notion culturelle. À aucun moment, il ne se positionne par rapport à la culture mais plutôt dans l'exigence et la persévérance. Donc, nous sommes toujours dans l'idée que le chamane occidental est une forme de guide pour accompagner des personnes à accoucher d'elles-mêmes et ainsi prendre place dans le monde, en contact avec la nature, tout en insistant sur le besoin de travailler sa psyché. Cela revient à faire un chemin spirituel, en fuyant les images fausses du chamanisme, en dépassant l'ego... Selon moi, cela demande une vraie vigilance, afin de ne pas tomber dans l'effet gourou, tant de la part du chamane que de celle des pratiquants. Ici encore, les Occidentaux sont donc des «pratiquants» en chamanisme à la recherche de connexions.

CÉLINE DARTANIAN, L'ANIMISTE

Ma rencontre avec Céline a commencé dans les champs subtils. J'ai lu son livre *Dans le noir on voit mieux* (éd. Mama) qui raconte le début de son parcours. Elle a bien sûr encore beaucoup cheminé depuis. J'ai rêvé d'elle à plusieurs reprises, elle me disait de prendre contact avec elle, qu'elle avait des messages pour moi. Je l'ai donc contactée par e-mail et elle a eu la gentillesse de me proposer de prendre un café dans Paris. Je suis assez impressionnée face à cette très belle et grande jeune femme qui déploie un charisme assez hors norme lorsque je la rencontre. De notre entretien ressort quelques bribes de pistes, à ce moment-là je me demande vraiment si je suis «chamane», suite aux transes, suite aux rêves, et surtout cette sensation d'avoir des messages continuels qui me ramène aux esprits, par des synchronicités par exemple. Depuis que je suis toute petite, l'invisible se tient là près de moi, et c'est comme si je ne le laissais pas entrer. «De quoi as-tu peur?», je pense que ma plus grande peur, c'est l'auto-induction, le mensonge que l'on se fait à soi, le fait de croire en quelque chose qui n'existerait que dans mon imagination et ainsi de me faire avoir par moi-même! Je pense que toute ma vie j'aurai essayé de débusquer mes propres illusions. Étrangement, plus on lutte contre quelque chose et plus cette chose devient énorme. Aujourd'hui, ma vie est totalement dédiée à ce qui ne peut pas se prouver. Et, du matin au soir, je suis en contact avec ces champs subtils d'une manière ou d'une autre, des fantômes « morts » ou ce que j'appelle aussi les fantômes « vivants », c'est-à-dire ces êtres dont je perçois les âmes.

Après un premier contact, Céline me propose de participer à une cérémonie qu'elle guide en forêt. Organisée à Fontainebleau avec plusieurs participants, elle a lieu le jour de mon anniversaire, j'y vois comme un signe. Nous nous retrouvons en bordure de forêt avec des inconnus. Encore cette manie de réunir des personnes qui ne se connaissent pas pour faire des cérémonies qui relèvent surtout de l'intime et du sacré. Il va falloir que je m'y fasse. Je rencontre Anne Féat-Gaiss, une plasticienne qui deviendra l'une de mes meilleures amies. Étranges connexions, comme si nous avions rendez-vous. Céline nous avait demandé d'apporter des offrandes sous forme de gâteaux, thé, alcool, lait, fruits... Nous trouvons un endroit un peu reculé, sous des roches en hauteur. Je suis stressée à l'idée que des passants nous interrompent. La forêt de Fontainebleau est très fréquentée et le tambour va s'entendre de loin, attirant, j'en suis sûre, des curieux. Céline revêt son costume après nous avoir donné ses instructions. Au moins, ici, pas de faux-semblants, la chamane, c'est elle, nous sommes des consultants. Personne ne va jouer du tambour à part elle, qui incorpore rapidement un esprit et se met à parler un protolangage. Je suis prise de frissons, c'est très impressionnant. Nous n'avons pas vraiment l'habitude de ce genre d'événements sous nos latitudes et même si j'avais quand même assisté à quelques ersatz de cérémonie, celle-ci fait son effet. Chacun d'entre nous vient lui chuchoter une question à l'oreille et, dans sa transe, elle reçoit des réponses. Elle nous les livre à la fin de la cérémonie. La plupart des personnes présentes (dont moi) demandent si elles sont chamanes, si elles ont ce destin… C'est étonnant, il semblerait que les personnes attirées par ce genre de cérémonie se posent cette question. En Mongolie, lorsque l'on va consulter un chamane, je pense que personne ne doit demander cela. Pour eux, ce n'est pas une joie d'être un chamane, c'est une charge, un fardeau. Incorporer un esprit, c'est d'une grande violence. Ici, c'est à la fois un honneur et un mystère qui nous donnent une valeur supplémentaire, quelque chose qui nous différencie, qui nous donne un genre de pouvoir, une aura. Je pense que c'est cela qui est fantasmé. Ce jour-là, en tout cas, personne n'est chamane d'après les réponses de Céline, même si elles sont assez floues. Moi je reçois l'injonction d'être testée, et de partir en Mongolie si je veux vraiment vérifier. J'avais assisté à une autre cérémonie il y a des années au cours de laquelle un participant était tombé en transe et était venu me voir pour me dire que les esprits s'impatientaient de mon aveuglement et qu'il était temps que je parte en Mongolie. J'avais pris cela pour une mise en scène. Je n'y avais pas vraiment cru ni porté attention. Avec Céline, c'est complètement différent, je ne perçois pas quelque chose de plaqué, de mensonger. L'appel de la Mongolie, je l'ai depuis que j'ai une dizaine d'années, persuadée de venir de ce pays par mes ancêtres, un besoin d'aller vérifier s'était imposé à moi. Mon grand-père était totalement métissé asiatique, mais le mystère plane encore sur ses origines. Mes cousins et certains de leurs enfants (dont ma fille) ont la tache bleue « mongole » sur les fesses. J'ai donc toujours eu une sensibilité particulière avec ce pays. La cérémonie de Céline terminée, nous repartons pour Paris et je suis perplexe. L'idée du livre que j'écris maintenant est venue à ce moment-là. Pourquoi cette attirance soudaine pour le chamanisme ? Pourquoi ne nous contentons-nous pas de nos propres rituels, de nos croyances? Nous avons des traditions très fortes en mythologie issues de la Grèce antique et de Rome, mais aussi des Celtes. Nous avons tout le paganisme qui revient d'ailleurs un peu à la mode depuis que la Wicca a désherbé le sentier.

UNE PRÉSENCE DEPUIS TOUJOURS ?

D'aussi loin qu'elle se souvienne, il est toujours arrivé des choses étranges à Céline et à sa famille. Son enfance et son parcours qu'elle raconte très bien dans son livre[1] en sont témoins. Cependant, il y eut vraiment un tournant avec des rêves au début, puis un voyage avec l'équipe de Jan Kounen et consorts, des habitués de l'ayahuasca qui la convainquent d'essayer. Une cuiller aura suffi à lui faire avoir des visions «pour vingt ans» et notamment son oncle qui lui délivre ce message: «N'aie pas peur, le chemin est là», la reconnectant avec ses ancêtres, Berbères touaregs du côté de sa mère et Arméniens du côté de son père. «Un de mes ancêtres était le conseiller spirituel de la princesse Toungouse. Une princesse mongole, car les Mongols sont restés un siècle en Arménie[2].» Ici, je me dis que le lien est fait, il semble quand même

1. *Dans le noir on voit mieux*, *op. cit.*

2. Voici ce que Céline m'a écrit à ce sujet: «J'ai entrepris des recherches plus poussées sur la partie arménienne et voici ce que j'ai trouvé: mon vrai nom est Vartanian qui vient de Vartan/Vardan. Vardan II Mamikonian était un chef militaire et spirituel de l'ancienne Arménie de la dynastie des Mamikonian qui tirent eux-mêmes leurs origines de *Cèn* = de Chine, plus exactement des Ouïghours qui sont une des tribus phares de Mongolie à cette époque. Puis au XIIe siècle, il y a eu ce conseiller spirituel de la princesse mongol Doqouz Khatoun dont je descends. J'ai échangé avec des Mongols qui me disent qu'avec cette lignée, il n'y a plus aucun débat possible (même s'il n'y avait pas vraiment de débat mais ils aiment comprendre les lignées de sang).»

que chez beaucoup de chamanes, on retrouve dans la lignée des guérisseurs ou des personnalités spirituelles, des personnes déjà en lien avec l'invisible. Dès lors, les phénomènes un peu inexpliqués ne cessent d'augmenter pour Céline, qui entend chuchoter, qui a de plus en plus de difficulté à dormir, elle sent les esprits, a l'impression d'être possédée... Elle consulte même une psychiatre car elle s'inquiète pour sa santé mentale, celle-ci la rassure et lui conseille la méditation. Céline se met alors à méditer et a des visions, elle doit se rendre en Mongolie et retrouver un jeune homme qu'elle voit aussi en rêve.

Elle part donc en voyage et, sur place, elle rencontre celui qui sera son premier instructeur auprès duquel elle apprend en observant. Une cérémonie de protection est nécessaire pour nettoyer son chemin, mais elle est reconnue chamane par la lignée de sa mère. On lui dit qu'elle doit apprendre. «Ce monsieur deviendra mon premier professeur et j'apprendrai tout de lui qui est "Dhakad", issu de l'une des deux tribus mongoles qui sont porteuses du chamanisme originel, qui sont les Tsataan et les Dalrat qui viennent historiquement de la même région à la frontière russo-mongole avec le lac Khövsgöl et le lac Baïkal. Ainsi, pendant des années, je vais faire des allers et retours entre la Mongolie et la France. Tout en continuant à travailler à TF1 sans rien dire!» Il n'y a pas de formation à proprement parler, me confie Céline, qui partage finalement le rythme de la famille en Mongolie, dort toujours chez l'habitant dans le bidonville, part suivre partout la petite tribu et assiste aux cérémonies quand il y en a. Parfois dans un bois sacré, on va lui demander de guider les cérémonies, elle va recevoir un costume, un tambour... tout se fait à la fois naturellement et petit à petit. Ce qui est intéressant durant cette période, témoigne-t-elle, c'est de vivre au rythme de ces familles, que cela soit à la campagne ou en bidonville, dormir par terre, traire les vaches, et recevoir les locaux qui viennent voir les chamanes.

« Mais il faut avouer que lorsque j'ai vécu l'incorporation du premier esprit, ça a été d'une violence inouïe. Ensuite, je suis rentrée en France avec un morceau de tissu qu'on appelle un ongod et qui est animé par un esprit. Et on m'a dit "maintenant, tu vas prier ce tissu-là". Je n'ai pas vraiment compris mais je l'ai accroché quand même avec une dévotion totale dans mon salon avec la sensation qu'il était au bon endroit. Et donc pendant un an, je vais que prier ce tissu, cette feutrine avec un esprit dessiné dessus. Nous, on prie une vierge, une croix, en fonction de notre religion... Mais là, je priais quelque chose qui a des couleurs, un tissu fin. C'est très bizarre mais, en fin de compte, un dialogue s'instaure effectivement et je rentre en transe tous les jours et l'entraînement se fait », raconte Céline. Ce témoignage m'inspire, c'est une vraie confiance en la transmission, une volonté farouche car il faut quand même être assidue pour prier un bout de tissu pendant un an, grâce à une foi qui est finalement récompensée. Dans notre paysage actuel de spiritualité, il est vrai que la régularité et la constance ne sont pas toujours de mise et c'est sans doute ici qu'elles font la différence, entre autres. Lorsqu'elle me raconte cependant les premières transes violentes, le long apprentissage du lâcher-prise, de la confiance qu'il faut avoir pour se laisser aller, elle a cette phrase qui résonne : « Je me dis que ce n'est pas ma culture », et la confrontation peut s'installer. C'est les esprits qui doivent lui apprendre et la guider. Cela me rappelle cette phrase que m'avait dite une Française en Afrique, alors que je souffrais atrocement de cette prise de mon corps par un esprit: «Tu sais, ce n'est pas notre culture.» C'était censé m'aider et c'est vrai que cela avait créé un espace d'espoir dans mon errance, puisque vingt-cinq ans après je m'en souviens encore. C'est à la fois le cœur du problème et de toutes ces questions et en même temps en toile de fond, il y a l'évidence de l'humanité. Nous sommes forcément reliés par des éléments qui sont au-delà de la culture. Et notamment tout ce qui est justement dans l'au-delà. Céline me raconte que ce que lui transmet son maître mongol est essentiellement pratico-pratique, de l'ordre du rituel, c'est-à-dire ce qui précède le rite, la cérémonie à proprement parler: comment placer les objets, mettre son costume, etc., et tout ce qui relève de la cosmogonie, l'aspect théologique et symbolique des choses. Elle continue, la foi chevillée au corps comme on dit, sans vraiment savoir ce que cela va donner. Dans son appartement, «cela devient un peu comme un sanctuaire, par conséquent j'invite de moins en moins de gens...» explique-t-elle. Mais elle a besoin de comprendre et sa culture occidentale l'accompagne car elle va se mettre à lire énormément de livres sur le sujet: tous les anthropologues depuis Eliade jusqu'à Stepanoff ou Descola, les chamanes qui ont écrit comme Castaneda ou Harner, mais elle s'est aussi formée en histoire des religions, suit des cycles de conférences le soir à l'IREL et commence également à lire des thèses sur le droit en propriété intellectuelle des autochtones. Aujourd'hui, Céline est vraiment très cultivée sur ce sujet ce qui lui permet de mener des conférences de front avec à la fois la théorisation occidentale mais aussi l'expérience vécue de l'intérieur.

L'APPROPRIATION CULTURELLE

À cette époque donc, Céline est entre deux. Entre deux pays, entre deux activités, entre une vie «officielle» et ses contacts avec le monde des esprits. De toute façon, n'est-ce pas là la vie du chamane, d'être un intermédiaire? Elle craint un peu le regard des autres au début. Grâce à Jan Kounen et un chamane shipibo nommé Antonio, elle va mener sa première vraie cérémonie mongole en France. Mais les questions émergent en son for intérieur assez rapidement, tout comme moi je me les suis posées sans cesse au cours de la rédaction de mon premier livre sur le sujet. En effet, je m'étais demandé quel était mon degré de légitimité à écrire ce livre malgré mes études et mon expérience de transe. Mais il ne s'agissait pour moi que de raconter quelque chose. Pour Céline, il s'agit de «pratiquer des rituels»: «Je me suis dit "j'importe une culture en Occident complètement différente car ils ont une vision du monde complètement différente" et je pense qu'on est quand même assez dans le flou. Cela n'a rien à voir avec l'ésotérisme ou le mysticisme. J'ai eu envie d'en savoir plus. Et c'est à ce moment-là que je me suis rapprochée de l'abbaye de frère Marie, j'ai dû lui poser mille deux cents questions! Et j'y ai trouvé quelqu'un avec qui avoir un dialogue interculturel: est-ce si commun ou non d'avoir une épiphanie? Comment me conduire face à ce bagage et cet apprentissage en France? Est-ce que la solitude fait partie du chemin?» raconte-t-elle. Mais c'est surtout le sillon de l'animisme qu'elle a envie de creuser, c'est là, sent-elle, que s'élève sa compréhension. À la suite de l'épiphanie qu'elle a vécue en Mongolie après une cérémonie particulièrement intense où elle a pris conscience que tout lui parlait, l'arbre, la rivière... elle comprend que c'est le point commun de nombreuses cultures autour du monde, mais aussi à travers les époques. L'animisme est-il la clé de tout? Nous nous en sommes éloignés depuis tellement de temps en Occident, et je dirais même que la science et notre quête de la preuve lui ont tordu le cou définitivement aux yeux de certains. «Le point commun, c'est qu'on a cette sensibilité accrue pour la planète, mais on est une minorité... plus qu'une sensibilité même, on l'entend vibrer mais beaucoup ne savent plus comment écouter. Ceux qui ont gardé cette "compétence", cette ouverture, y voient, j'en suis certaine, comme moi la clé des enjeux environnementaux d'aujourd'hui», constate Céline.

C'est alors qu'elle prend conscience de la partition du monde. Elle comprend qu'il y a une forme de biopiraterie, du pillage des savoirs botaniques et des plantes à des fins commerciales. «Très grossièrement, le Nord qui vient chercher des infos sur les plantes dans le sud et les ramène au nord, et dépose des brevets, ne rétribue pas; cela vient poser des questions de déplacements de populations. Parce que souvent ces populations qui sont très en lien avec la nature sont sur des bulles carbone, sur des zones d'une richesse extrême, cela interroge le droit de la propriété intellectuelle, et l'appropriation culturelle[3].»

---

3. Céline précise: «L'écart entre le Nord et le Sud a des conséquences bien plus profondes que je ne l'imaginais. Le Nord vient chercher des infos sur des plantes qui sont généralement des "biotrésors" et qui se trouvent dans l'hémisphère sud. Ces savoirs sont détenus par des peuples qui partagent avec générosité. Mais lorsque les chercheurs reviennent en Occident, ils déposent des brevets, en ne prêtant guère attention au protocole de Nagoya qui demande une juste rétribution de l'utilisation de ces savoirs. Ce qui a pour effet de couper des revenus potentiels à ces peuples qui pourraient gagner en souveraineté, voire se "battre" pour conserver leurs terres sur lesquelles les grandes entreprises essaient de mettre la main car elles sont la plupart du temps des

À partir d'un sujet spirituel, Céline se rend compte que cela va bien plus loin. «Il y a une financiarisation de la terre, des corps, de la culture par le Nord», alors qu'au Sud, l'expérience est totalement différente. Je pense également que l'appropriation culturelle ne se fait pas que sur du matériel qui serait les richesses minérales et/ou botaniques, mais aussi pour ceux qui sont plus spirituels, il y a aussi une appropriation des pratiques et autres expressions culturelles traditionnelles. Les Occidentaux en mal de sens importent un chamanisme «acceptable», voire «exportable». Cela me fait penser au phénomène de la Mindfulness qui a été créée aux États-Unis par des Occidentaux, après avoir été formés par des maîtres bouddhistes. Ils ont créé la Pleine Conscience, une voie de pratique de la méditation totalement laïque, qu'ils n'hésitent pas à proposer dans les entreprises pour améliorer le bien-être au travail. C'est une question à laquelle je n'ai pas de réponse, est-ce pour un mal ou un bien? D'un côté, c'est sûrement très bénéfique et c'est une évolution des pratiques pour les Occidentaux, d'un autre cela dénature complètement le but de la méditation qui est éminemment spirituel. On retrouve, on l'a déjà abordé, le même sujet avec le yoga. Il semblerait que cela soit vraiment notre penchant que l'on soit matérialiste ou à l'opposé, on importe ce qui nous arrange et on n'hésite pas à exporter aussi, nos travers que l'on s'imagine être des «évolutions»...

---

puits carbone. On assiste impuissant alors à des déplacements de population, des meurtres. En plus d'être dépouillés de leurs terres, de leur savoir, on essaie aussi de les dépouiller de leurs cultures en faisant un mélange syncrétique, en s'appropriant des objets cultuels et rituels sans en comprendre l'importance sacrée et la portée, ni comment cela s'inscrit dans un environnement naturel.»

Ce qui saute aux yeux de Céline, c'est la notion juridique car le droit est fait par des Occidentaux pour des Occidentaux. Du point de vue animiste, on se doit de défendre n'importe quel autre genre (minéral, végétal, animal). « Ce qui remet en question en un sens les droits de l'homme. » J'ai envie d'ajouter que les peuples dits autochtones ont également des difficultés à se faire représenter bien souvent face à des lobbys extrêmement puissants. Céline, en souhaitant une activité qui soit en lien avec ses croyances, décide de créer la marque Böö, qui commercialise des plantes médicinales en compléments alimentaires en y ajoutant sa « patte » de chamane en ritualisant ses produits. Elle continue à faire des cérémonies à la demande pour des particuliers ou de grands groupes, ou à certaines dates clés. Elle peut aussi recevoir en entretien particulier mais elle pose beaucoup de questions avant et n'accepte pas toutes les demandes. C'est ainsi que cela se passe en Mongolie, les chamanes ont une forme « d'obligation » d'aider les personnes qui en font la demande et de continuer à faire des cérémonies. Elle ne propose pas à des stagiaires des voyages au tambour ou encore de trouver leur animal totem, on n'est pas dans ce système-là, elle respecte la manière de faire en Mongolie, on va consulter un chamane qui d'ailleurs peut très bien avoir une activité à côté, pastorale la plupart du temps, si l'on a une question. Son travail rémunérateur reste d'être autrice, conférencière et entrepreneuse. Le chamanisme est un sacerdoce spirituel qu'elle pratique dès qu'elle le peut.

— Alors qu'en Occident, j'ai l'impression qu'il y a des personnes qui consultent des chamanes sans vraiment avoir de question...
— Eh bien, c'est pour ça que moi je demande avant quelle est leur démarche spécifique et que je me réserve le droit de refuser. Et si les gens ont déjà vu un autre chamane, c'est non, car je ne

souhaite pas aller à l'encontre d'une réponse déjà formulée par d'autres esprits en respectant ce qui a été dit. Les Occidentaux sont souvent dans une quête non plus de sens mais de validation. Ensuite, il n'y a pas de stage de tambour parce que cela n'existe pas, en tout cas en Mongolie. Je ne fais pas de stage de chamanisme parce qu'on ne peut pas apprendre aux gens le chamanisme pour la simple et bonne raison qu'ils ne peuvent pas devenir chamanes comme ça. Ce n'est pas une activité commerciale et si je commence à partager mon savoir, je suis dans l'appropriation culturelle. Si je dois avoir un élève, ça sera dans la confidence et un cadre associatif cultuel précis. J'en suis même à me dire que je dois être vigilante à ce que j'écris dans mes livres si je décris des cérémonies, parce qu'après les gens vont par mimétisme, par effet miroir, être carrément dans l'auto-induction et revenir vers moi en disant «bah, moi aussi j'ai essayé» et ils ne se rendent pas compte qu'en fait ils s'auto-induisent ou font de l'autohypnose. Vider de son sens les choses, c'est le début de l'appropriation culturelle et du syncrétisme. Parce que le vrai sens, c'est la foi. Il n'y a pas d'apprentissage, on est dans la foi totale. Le *credo* en latin, c'est «avoir confiance en». Et c'est pour ça que je ne peux pas faire des stages sur la foi, c'est impossible. En revanche, je pourrais imaginer faire des retraites animistes, pour partager la façon dont nous devrions voir le monde tel qu'il est à mes yeux et à celui de quatre cents millions d'autres animistes à travers le monde. J'ai aussi pensé à ouvrir un lieu dans Paris, ouvert sept jours sur sept et vingt-quatre heures sur vingt-quatre pour se recueillir, faire ses demandes aux esprits.

Ensuite Céline rencontre la célèbre Enkhetuya qui a formé Corine Sombrun, qui lui demande de faire une première cérémonie devant elle, puis devant un autre membre du clan, puis devant l'ensemble du clan lors du solstice. Seule Occidentale devant une cinquantaine d'individus, elle sera reconnue chamane faisant partie du clan. Depuis, elle continue de faire des allers-retours en Mongolie pour parfaire son apprentissage et développer ses projets en France.

EST-CE QUE TOUT LE MONDE PEUT ENTRER EN TRANSE ? QU'EST-CE QU'UN CHAMANE ?

La réflexion que je me fais est encore celle-là: tout le monde peut-il entrer en transe, même si j'ai vu avec Moudouma qu'il y avait sans doute plusieurs niveaux d'états modifiés de conscience ? C'est ce que la Transcience de Corine Sombrun cherche à démontrer, que tout le monde peut induire un état modifié de conscience. Mais entrer en transe pour dialoguer avec les esprits en vue d'obtenir des réponses ne me semble pas réalisable par tous. Pour Céline, c'est aussi simplement parce que cela relève de la foi. L'expérience implique la rencontre avec les esprits, mais aussi quelque chose de sacré, de divin, une connexion avec l'Univers.

En ce qui concerne le chamanisme, la définition anthropologique traditionnelle du chamane, en tant qu'intercesseur dans le monde invisible pour transmettre des messages au monde visible, est bien connue. Mais après des années de pratique et de cérémonies, Céline pense différemment: «Pour moi, le chamane est essentiellement un prêtre animiste archaïque. Le terme "prêtre" vient du grec *presbyteros*, signifiant "ancien", associé à *anima* et *animus*, le souffle de vie, et "archaïque", venant de *archaïkos*, signifiant "au commencement".» Ainsi, la traduction donne «au commencement, il y avait l'ancien qui connaissait le Souffle de vie » ou bien « l'Ancien connaissait le souffle de vie au commencement ». En d'autres termes, lors des cérémonies chamaniques, « nous revenons à ce temps primordial qu'appelle Mircea Eliade le non-temps, le temps zéro, et à chaque cérémonie, nous rejouons la création du monde car notre mission est de comprendre l'origine des choses pour les réparer. Lorsque nous savons d'où nous venons, nous savons où nous allons ». Les gens viennent souvent voir Céline pour comprendre pourquoi certaines choses ont commencé et pourquoi elles sont compliquées maintenant. C'est là que réside l'intérêt. « Aujourd'hui, je comprends le chamanisme comme un retour à ce non-temps, à un espace-temps vide mais non vide où se joue la création du monde. C'est un endroit sans limites ni murs, où se déploie une expérience unique. Je ne suis pas sûre que tout le monde puisse aller à cet endroit », ajoute-t-elle. Non seulement cela demande un entraînement assez long, qui se fait au fur et à mesure des cérémonies, mais aussi avoir des prédispositions et c'est là que le bât blesse. Ces prédispositions, de quoi relèvent-elles ? Est-ce une lignée qui se transmet, ou un choix des esprits qui désigneraient quelqu'un, ou encore un « câblage » particulier qui serait survenu dans le cerveau à la suite d'une maladie ? Suivant les cultures, les explications divergent, mais en Occident ? Nous n'avons pas d'historique.

Céline a consacré un temps considérable à son travail. En plus d'avoir participé à des centaines de cérémonies et séjourné des mois au sein des communautés pour vivre leur quotidien, elle a également passé beaucoup de temps dans la nature. Parallèlement à cela, elle a beaucoup lu, ce qui répond à un véritable besoin occidental de comprendre, d'avoir des références et de découvrir comment les choses se sont déroulées à travers les siècles et dans différentes cultures autour du monde. Mais elle aime aussi à préciser qu'elle a passé beaucoup de temps en solitaire dans la nature, en retraite religieuse: passé 1220 jours en silence, pris 4000 repas seule et en silence, marché et bivouaqué seule et en silence presque autant de temps. Rien qu'en 2017, elle a parcouru 90000 km seule. «Cela laisse du temps, de l'espace pour réfléchir à l'inflexion qu'on donne à sa vie.» De plus, elle ressent le besoin d'expliquer son travail à ceux qui viennent la voir. Cela lui permet non seulement de faciliter la compréhension, mais aussi de dissiper les clichés, et de remettre les choses à leur place au passage… «Si quelqu'un vient me voir en affirmant être chamane parce qu'il écoute de la musique tous les jours pour s'auto-induire une transe, je prends le temps d'engager une discussion pour comprendre sa perspective. Ensuite, j'aborde progressivement des sujets tels que l'appropriation culturelle, les TCE (*Traditional Cultural Expressions*) ou les savoirs traditionnels, ainsi que les notions de foi, de croyance et d'animisme. Je partage simplement mon point de vue, car mon objectif est d'ouvrir des perspectives, des angles de vue là où je pense qu'il y a une acculturation. Même lors de conférences importantes, mon discours suscite souvent des réactions. Les conférences interrogent énormément, même les plus cartésiens, car je pars du chamanisme pour atterrir aux ODD[4] des Nations unies, à l'OMPI[5], au pouvoir du droit de propriété intellectuel sur le commerce international… le sujet est bien plus vaste et profond que de jouer du tambour sur une colline, car il offre une perspective rarement entendue, alors que ce n'est pas nouveau. Le site de Danielle Mitterrand aborde l'appropriation culturelle», précise Céline.

4. ODD: Objectifs de developpement durable, au nombre de 17.
5. OMPI: Organisation mondiale de la propriété intellectuelle.

SAUVER LA PLANÈTE

À ce jour, Céline est en train de préparer un livre sur l'animisme (*Le futur sera animiste* est le titre prévu), qui répond au 17 ODD des Nations unies et comment il est la clé des enjeux de demain. Sa marque Böö va développer de nouveaux produits en lien avec l'histoire de la médecine traditionnelle mongole dont le sort a été tragique à cause de Staline. Elle met en place aussi des échanges avec les Kogis qui travaillent en agroforesterie avec leurs outils régénératifs, qui cultivent cacao et café dont la rétribution aux communautés est très forte et permet en plus de transmettre les savoirs, de protéger l'environnement. Comme cela n'existe pas encore vraiment en Mongolie, il y a un véritable commerce équitable qui pourrait être mis en place. «C'est là aussi où les mythes ont leur sens car ils rappellent l'importance du sacré des lieux et donc de la nécessité de les protéger. Les animistes préservent 80% de la biodiversité grâce à une agriculture raisonnée et en lien fort avec les mythes et les environnements», rappelle Céline. Et en effet, les Occidentaux ont à y gagner, s'ils se rapprochent des savoirs chamaniques, c'est aussi qu'ils en ressentent le besoin. Les personnes attirées par ces pratiques se sentent «connectées» à quelque chose. Ayant un désir sans doute de compréhension, une curiosité pour elles-mêmes et le monde. «Il y a beaucoup de gens qui ont une démarche personnelle. Mais ensuite, il faut transcender cette approche personnelle pour en faire quelque chose de collectif. Le collectif se reflète dans l'engagement envers ma communauté, ma connexion avec la nature, et ma contribution à sa protection. Cela inclut la préservation de la biodiversité, l'alignement avec les dix-sept objectifs de développement durable des Nations unies. En fin de compte, notre engagement se manifeste à travers l'action sociale et environnementale responsable (RSE). Cela implique de rejeter le climatoscepticisme et de promouvoir la justice climatique. Tous ces sujets sont liés à la protection de la nature et reflètent des valeurs animistes», conclut-elle. Encore faudrait-il que les Occidentaux puissent se référer à une communauté...

À mes yeux, Céline incarne véritablement un intermédiaire: elle occupe le rôle traditionnel du chamane en étant «entre deux mondes», reliant le monde invisible des esprits et notre réalité tangible, habitée par les humains. De plus, elle agit comme un pont entre la nature et les humains qui, par ignorance ou par oubli, la détériorent, et elle joue également le rôle d'intermédiaire entre le monde occidental, qui a beaucoup à apprendre et à rétablir, et le monde autochtone traditionnel, qui lutte pour préserver sa culture, son savoir et son environnement. Sa particularité par rapport aux autres chamanes de ce livre est qu'elle ne crée pas sa propre pratique. Elle suit la tradition mongole et applique aux Occidentaux ce qui se fait en Mongolie. Elle ne cherche pas à répondre à des besoins différents, comme la quête de sens ou l'introspection psychologique. En revanche, elle souhaite familiariser les personnes qu'elle rencontre à l'animisme qui, selon elle, apporte justement un certain nombre de réponses en lui-même. Connexion à la nature, ouverture aux champs subtils, retour du sacré, protection de la Terre, tout cela est «inclus» dans l'animisme. Là où elle a à mon sens parfaitement raison, c'est que la foi est le lien. Mais cela ne s'enseigne pas... Alors, est-ce que cela s'expérimente? Est-ce que les Occidentaux ont besoin de passer par la case «je me sens mal, je vais consulter un chamane, je prends un tambour pour faire comme lui, je ressens des choses étranges donc je me mets à croire»? Je n'en sais rien. Mais l'endroit dont Céline parle, qui est hors-temps, sans limite et qui sonde l'origine des choses, dans lequel on rencontre des esprits, voire on les incorpore, je ne pense pas que tout le monde y ait accès. La quête de validation qu'elle cite est aussi très symptomatique d'un orgueil occidental dont je suis sûre nous sommes tous pétris et qui nous place rapidement à un drôle d'endroit, manquant sans doute d'humilité face à ces questions. J'ai encore moins de réponses à mes questions après cette interview, mais je pense que Céline a une approche peut-être plus traditionnelle de sa pratique chamanique. Alors, est-ce qu'être animiste ou «pratiquant en chamanisme» revient au même?

CLAIRE MARIE ET LA TOILE DES MALADIES

C'est notre éditrice commune, Sandrine Navarro, qui m'a présenté Claire Marie lors d'un déjeuner à Paris. Claire était sur le point de sortir son livre *L'Esprit des maladies* (Guy Trédaniel éditeur) issu de son expérience de praticienne, accompagnant des personnes souffrant de divers maux. J'ai tout de suite été très intriguée par sa démarche, elle est psychologue, formée dans la mouvance Tobie Nathan, et je sais qu'elle a comme moi un lien avec le bouddhisme. C'est donc avec une grande curiosité que je me suis plongée dans son livre, dont j'ai d'ailleurs tiré une interview pour *Inexploré*. Claire est une exploratrice, à chaque instant elle scrute ce qui se passe dans l'invisible pour en tirer le meilleur pour ses consultants. Elle a ainsi élaboré, ou plutôt découvert, ce « tissage » qui unit les humains et les maladies, et cherché, avec leur consentement et leur volonté, à comprendre ce qui se déroule à la fois dans le corps et dans l'histoire individuelle de chacun, mettant en lumière ce qui s'est cristallisé. Avec Claire, j'ai fait un recouvrement d'âme, qui a été très doux et qui je pense a participé à une forme d'alignement de mon être avec son chemin.

Mais revenons à ses débuts. Claire est française et vit en Angleterre. Elle est psychologue dans l'équivalent de nos CMPP[1]. Elle me raconte qu'elle commence à sentir des manifestations un peu particulières après ses séances: «Les gens m'habitaient en fait. Il se passait des choses dans la pièce. Je partais le soir du travail et je n'arrivais pas à les oublier. À l'époque, je ne comprenais pas ce qui m'arrivait. Je me disais bien qu'il se passait des choses un peu étranges, mais je ne savais pas le manifester ni le comprendre.» C'est ainsi que lorsqu'une amie lui propose de rencontrer une guérisseuse aztèque de passage dans leur ville, organisant des week-ends de formation, elle accepte volontiers. Intriguée par cette opportunité, elle espère également éclaircir les ressentis qu'elle éprouve. À l'époque, le stage était présenté comme une formation à la médecine aztèque, l'enseignante ne se disait pas chamane, mais *curandera* («guérisseuse» en espagnol).

Durant ce premier stage, Claire explique: «C'était tellement puissant que j'ai un souvenir très clair de cette guérisseuse qui m'a initiée avec la fumée, elle m'a saisie, elle a fait une prière. Et quelque chose s'est ouvert, quelque chose de ma relation à l'invisible. Il y a sûrement ici une transmission qui s'est faite. Durant les quatre week-ends suivants, j'ai reçu des techniques pour penser l'invisible.» Les stagiaires apprenaient à pratiquer des recouvrements d'âmes et des nettoyages énergétiques. Claire se met à suivre tous les week-ends proposés, soit quatre en tout, et puis un jour, elle se rend au Mexique, pour finir l'initiation, sur une durée de quinze jours. À la fin du séjour, la *curandera* a voulu canaliser aux stagiaires des noms «initiatiques» en mexicain mais Claire refuse. «J'ai préféré ne pas recevoir le nom mexicain. Même si j'avais

1. Centre médico-psycho-pédagogique.

du respect pour son énergie, je ne faisais pas vraiment confiance à cette femme. Je n'avais pas de vrai rapport avec elle. Je ne parlais pas espagnol ni elle anglais. Et en fait, elle donnait des outils à une cohorte d'Occidentaux, sans étayage, tandis que moi j'avais déjà commencé à penser ma pratique et j'aurais eu besoin de quelqu'un qui puisse me soutenir et me comprendre dans cette démarche. Ce jour-là, j'ai aussi compris la force de mon prénom: Claire. Je n'en avais pas besoin d'autre», explique-t-elle. Attirée par une autre «guérisseuse» plus intellectuelle que la femme qui l'avait initiée, elle se voit refuser son accès par la première qui met en garde quiconque souhaiterait voir d'autres personnes qu'elle. Avec une autre stagiaire, Claire se fait virer. Sur le marché de Mexico, elle est attirée par un encensoir à l'effigie du dieu du feu aztèque, un *popoxcomitl*. «Et en plaisantant, j'ai dit: "j'ai ramené le feu dans ma valoche!" Après je suis rentrée. J'ai commencé à travailler.» C'est-à-dire qu'en revenant en Angleterre, elle reprend sa patientèle de psychologue, mais y ajoute sa touche personnelle. Elle met en place la roue de la médecine dans certaines de ses séances: dans la médecine aztèque, la roue de la médecine s'ouvre à partir de l'est, avec le blanc comme couleur, et la médecine de l'air, du renouveau, du printemps. Ensuite, c'est l'ouest, c'est l'énergie du rouge, du féminin, de l'instinct, de la guérison. Puis au sud, c'est le bleu, c'est plus masculin associé à la pluie et au feu, enfin le nord, avec le noir et le jaune, représente les ancêtres, la mort et la transformation; dans la fête mexicaine des morts, les défunts arrivent par le nord. «Quand j'ai appris les énergies des directions durant ma formation, je pensais que les manier, c'était un peu comme une sorte de théâtre. Je me disais dans le fond, quand on appelle l'énergie de l'est, c'est comme créer un personnage, un symbole. Mais, avec le temps, en les utilisant dans ma pratique clinique, j'ai finalement compris qu'il y avait de véritables énergies associées aux directions, qu'il fallait les respecter, les aimer et les honorer», raconte Claire. Parfois, elle demande aux patients de venir en séance avec une tenue de couleur associée à la direction, et de tourner autour de la roue. Cela pouvait produire des transformations et changements très puissants, plus vite qu'en thérapie «normale» selon elle.

— Peut-être que le chamanisme, c'est aussi un peu du théâtre puisque le théâtre appelle les esprits, tu ne trouves pas?, m'aventuré-je à lui demander.
— Oui, c'est vrai! Mais on pourrait aussi dire l'inverse, le théâtre fait appel à des mécanismes énergétiques et symboliques similaires à ceux que l'on retrouve dans le chamanisme. J'ai donc commencé à faire des recouvrements d'âme en cachette avec mes patients... Et dans la technique des recouvrements d'âmes aztèques, on n'emploie pas le tambour mais on utilise beaucoup la parole, donc ça pouvait très bien s'associer à une pratique occidentale de «thérapie».

Claire poursuit ses séances en intégrant ses deux approches. Les patients sont invités à apporter des offrandes ou des objets, comme des œufs, pour certaines pratiques. Un jour, une femme en parle néanmoins aux supérieurs de Claire. À l'époque, celle-ci a la chance d'avoir une responsable suffisamment ouverte à ces sujets. Ensemble, elles rédigent une lettre à leur hiérarchie, exposant la méthode de Claire comme étant une technique ressemblant au psychodrame déjà bien reconnu dans le milieu. Heureusement, la démarche est bien accueillie. Mais l'épisode l'amène à établir une alliance plus solide avec ses patients lorsqu'elle pratique un travail chamanique afin de créer un pont culturel. L'objectif est de ne pas leur imposer des rituels, mais de leur permettre de mieux comprendre ce qu'ils font. Ainsi, elle développe un protocole complet où elle explique plus en détail le pourquoi du comment des rituels et recommande aux gens de se renseigner, par exemple en allant lire sur Internet, avant de procéder à un recouvrement d'âmes, ce qui s'avère très efficace. Grâce à cela, elle peut poursuivre son travail de cette manière pendant deux ans. Elle n'applique pas cette approche avec tous ses patients, mais seulement lorsqu'elle juge que cela est pertinent pour un traumatisme particulier. Elle se met à établir un véritable contrat avec ses patients, les faisant signer une décharge, tout en les sensibilisant à l'invisible. Cette expérience lui permet de mieux comprendre comment la médecine et la psychologie occidentales peuvent se compléter avec les pratiques de recouvrement d'âmes et la médecine traditionnelle. C'est aussi à cette époque que Claire commence à écrire pour témoigner de ce qu'elle vit, du changement de sa vision sur la relation thérapeutique et son nouveau regard sur le monde et la vie. Puis elle change de service et travaille au management de la douleur, où elle rencontre des patients souffrant notamment de fibromyalgie. Elle publie son premier livre, *Comment je suis devenue chamane* (éd. Fayard puis Livre de Poche), est interviewée sur la 5, puis dans *Elle*, et ainsi commence à faire des recouvrements d'âmes à Paris. C'est à ce moment-là qu'elle rencontre le bouddhisme et commence des retraites de méditation zen. En 2013, elle part au Népal et fait une deuxième rencontre chamanique essentielle, un vieux maître tibétain qui, en lui faisant un soin, lui transmet une ouverture subtile, et même si elle peine à mettre des mots dessus, elle sent bien que quelque chose s'est passé, qu'elle n'en est pas ressortie totalement identique. Elle sentira cette énergie pendant plusieurs mois.

L'ESPRIT DES MALADIES

Après avoir travaillé dans un service de management de la douleur, mais aussi partagé la vie d'un homme souffrant de fibromyalgie, Claire commence à explorer le concept de l'esprit des maladies dans son approche du soin et se rend compte que, d'une certaine manière, les patients qu'elle observe, ainsi que son compagnon, sont comme «habités» par leur maladie, qu'elle devient un peu leur identité: «Il y avait quelque chose de plus grand que juste la maladie physique.» Dans un service traitant les femmes porteuses du gène BRCA1, celui qui augmente les risques de cancer du sein, Claire «évalue» la psychologie des femmes devant subir une intervention d'ablation préventive: «Un jour, j'ai rencontré une femme qui souhaitait subir une mastectomie, bien qu'elle ne soit pas porteuse du gène BRCA. Sa décision nous embêtait bien... Elle m'a confié que sa mère avait été diagnostiquée d'un cancer du sein lorsqu'elle n'avait que 12 ans, et que depuis lors, le cancer semblait hanter sa famille. En entendant ses paroles, "le cancer est entré dans notre famille", cela m'a sauté aux oreilles. J'ai vu l'esprit de la maladie entrer comme une personne dans leur vie. Et tout le travail qu'on a fait ensuite avec elle, c'était de dire au revoir à l'esprit du cancer. Et après elle n'a plus eu peur et elle ne s'est pas fait enlever les seins», raconte Claire. Elle souhaite continuer à pratiquer dans cette voie, mais trouver le bon public n'est pas facile. Elle comprend, douloureusement parfois, que les patients doivent être totalement impliqués dans le processus, elle met en place un protocole. «Je présentais ma méthode de travail, expliquant ce que j'allais entreprendre. J'offrais à ceux qui souhaitaient travailler sur les aspects spirituels de leur maladie l'opportunité de participer à une longue entrevue. Nous cherchions ensemble une question liée à leur histoire, puis nous entamions un voyage chamanique. Progressivement, les gens sont venus spontanément vers moi. C'est ainsi que j'ai commencé», explique-t-elle.

Toujours en Angleterre, même si elle doit parfois déménager, ce qui la retarde dans son évolution, Claire acquiert une patientèle régulière. Elle s'étonne quand même que les Anglo-Saxons soient plus disposés que les Français face à son étrange méthodologie. Les abonnés à sa *newsletter* augmentent, les expériences aussi. En pleine rédaction de son deuxième livre, elle part en Grèce à la rencontre d'Asclépios, le dieu grec de la Médecine dans l'Antiquité. Elle cherche à amplifier à la fois sa compréhension mais aussi son ouverture à cette nouvelle dimension qu'elle nomme la toile des maladies. C'est au Népal cependant qu'elle traversera la période Covid, une période difficile assez solitaire, où elle explique être entrée dans «le *bardo*[2] des maladies», une énergie particulière faite de souffrance, d'entre-deux qui manque de la rendre folle. Elle libère beaucoup de tristesse et de fatigue et finit par rentrer en France.

Claire est de nouveau basée en Angleterre. Elle dispense encore des soins, ou occasionnellement des recouvrements d'âme. Depuis que le livre est sorti en France (*L'Esprit des maladies*, Guy Trédaniel éditeur), elle travaille à distance avec ses lecteurs et parfois en face à face lorsqu'elle se déplace à Paris. Revenir à une vie normale a été très difficile après son retour du Népal, occupée à trouver un emploi de psychologue pour subvenir à ses besoins et à promouvoir son nouveau livre, elle n'a pas beaucoup

---

2. Bardo: terme bouddhiste signifiant intervalle entre les réincarnations.

développé sa pratique chamanique en Angleterre. Depuis peu, elle s'est installée à Glastonbury, elle espère que cette nouvelle ville si imbibée de spiritualité lui offrira un nouveau départ dans les terres celtiques qu'elle affectionne particulièrement.

Claire anime des stages lorsqu'elle est en France, ainsi que des séances individuelles. Elle observe que les personnes qui la consultent désormais ne sont pas autant attirées par son premier livre, mais viennent grâce à son travail sur la maladie. Elle remarque que ces personnes ont une vibration plus élevée, ce qui est assez surprenant pour elle. Elle ne prétend pas n'avoir rien à faire, mais elle constate que, par exemple, lors d'une séance récente avec une jeune femme dont le père est dans le coma depuis dix ans, elle a pu se connecter plus facilement à un niveau spirituel plus profond. «On a fait une séance très émouvante avec la toile des maladies. Je sentais que je montais dans l'invisible beaucoup plus facilement, comme si j'étais habitée par la toile des maladies, ce que je n'ai pas encore fait, c'était complètement articulé. C'est un peu comme si je travaillais avec cette toile sans complètement savoir qui me guidait, sinon les maladies», témoigne-t-elle. Claire ne prétend pas guérir les maladies physiques, et ce n'est pas l'objectif de ses consultations. Maintenant, les personnes qui viennent la voir cherchent plutôt un travail spirituel puissant, ce qui constitue comme une récompense pour elle après des années de travail solitaire.

— Ce que tu proposes est très personnel, j'ai l'impression que c'est un véritable mélange entre quelque chose de chamanique traditionnel et une part occidentale à la fois psychologique et culturellement allopathique.

— Oui, mon approche psychologique aide certainement à construire ces ponts anthropologiques. Bien qu'aujourd'hui j'aie beaucoup moins besoin d'écouter les gens longtemps me raconter tout leur vécu en détail. Maintenant, une demi-heure suffit amplement et ensuite je fais ma pratique chamanique pendant une heure, j'écoute les esprits me traverser. Le fait que je sois psychologue imprègne ma pratique. Et en Angleterre, je gagne toujours ma vie en tant que psychologue, je suis parfois confrontée à une situation paradoxale car lorsque les gens me sont envoyés, ils ne s'attendent pas nécessairement à rencontrer un chamane. Malgré mon désir de travailler différemment avec eux en intégrant des messages d'esprits, je me trouve souvent dans l'obligation de respecter la relation thérapeutique telle qu'elle est traditionnellement développée en Occident. Cette situation m'apprend la patience et la nécessité de ne pas toujours imposer ma dimension chamanique, mais plutôt de travailler avec les personnes qui viennent me consulter sans attentes spécifiques dans ce domaine. Cela me force à une certaine discipline aussi. Quand on travaille avec les esprits, on est quand même toujours sur un fil.

— Effectivement, dans les chamanismes traditionnels, les gens qui vont consulter un chamane savent exactement pourquoi ils y vont et ce qu'il peut faire...

— Je ne dirai pas qu'ils savent exactement ce que le chamane peut faire mais ils ont une confiance tacite puisque cela appartient à leur culture. Nous, quand nous allons voir un oncologue, même si on ne le connaît pas, on lui fait confiance !

— Je veux dire que ces personnes savent ce que le chamane est capable de faire. Par exemple, s'ils le voient en train de sortir un tambour pour effectuer des rituels, ils ne sont pas choqués. En revanche, en Occident, si on ne nous explique pas au moins un peu, nous ne comprendrons pas et n'adhérerons pas forcément non plus. Ou alors, à l'opposé, j'ai parfois l'impression que certains ont justement besoin d'un tambour et d'un protocole complet pour croire en l'efficacité de la démarche. Je pense notamment à l'auto-induction, une pratique très répandue chez ceux qui participent à des stages divers. Il se dit çà et là que certaines personnes censées rencontrer leur animal totem au son du tambour ne peuvent qu'être en état d'autosuggestion. Elles s'attendent à voir un animal et donc elles le voient, etc.

— L'énergie et l'influence du guérisseur fonctionnent également avec l'effet de surprise car trop d'explications peuvent parfois compliquer les choses. Lorsque j'ai commencé à élaborer des protocoles, j'ai dû trouver un équilibre entre explications et mystère, car trop d'explications peuvent diminuer la puissance de l'expérience. Par exemple, les gens posent des questions, parfois je sens que c'est important d'expliquer, d'autres fois je leur réponds en leur demandant de «faire confiance», tout en fournissant suffisamment d'explications pour qu'ils finissent par me donner carte blanche. En Occident, le rapport thérapeutique diffère de celui avec un chamane traditionnel, où la confiance est souvent préétablie depuis l'enfance. En tant que chamane occidentale, je dois gagner la confiance des patients, ce qui peut être compliqué avec la montée du néochamanisme et la variété des approches. Lorsque je travaille avec le consultant, nous entrons dans un espace liminal où la cocréation est constante. En fin de compte, le modèle thérapeutique que je propose influence la transformation de la souffrance des patients. Et puis la toile des maladies est partout, donc il n'y a rien à créer finalement. Mais le fait que je la nomme lumineuse et qui plus est guérisseuse permet de travailler avec elle en la conscientisant.

Claire a vraiment développé sa propre approche. Elle est partie de ce qu'elle a reçu, en intégrant des techniques aztèques, qu'elle a ensuite associées à toute sa culture occidentale. En psychologie, grâce à sa pratique quotidienne avec les patients, elle a élaboré sa propre méthode. Elle y a aussi associé ses connaissances du bouddhisme, sa pratique zen et la pleine présence qui vont influencer sa manière d'être; elle se sent moins agitée qu'auparavant. Maintenant que son travail s'inscrit davantage dans la vibration du «*bardo* de la maladie», elle trouverait intéressante la question de se former à la physiologie du corps, pour mieux diriger la luminosité de la «toile» lors de ses séances. Bien que les traitements qu'elle offre aient leur beauté et leur efficacité spirituelle, elle n'en doute plus, Claire prend conscience qu'elle pourrait être encore plus efficace si elle connaissait les méridiens du corps humain, surtout lorsqu'elle travaille à distance et qu'elle n'a pas de contact direct avec le corps de ses patients.

À ce stade de mes recherches, je me dis donc que l'on peut distinguer deux types de chamanes occidentaux. Il y a d'abord ceux qui suivent scrupuleusement les enseignements qu'ils ont reçus comme Céline Dartanian, initiée en Mongolie, qui reproduit fidèlement les cérémonies telles qu'elle les a apprises là-bas. Elle ne déroge pas à ce cadre et pratique les nettoyages de lieux, les cérémonies d'offrandes ou les soins exactement comme en Mongolie. Elle tient à préserver l'authenticité de son enseignement et évite toute forme de mélange. Elle ne propose donc pas de stage de tambour ou autre, elle reste fidèle à la tradition qu'elle a reçue. D'un autre côté, il y a des chamanes qui vont fusionner différentes influences, puisant parfois dans plusieurs traditions, comme Moudouma qui mêle des éléments d'Afrique et de Sibérie, tout en intégrant des outils psychanalytiques.

J'ai l'impression que l'on peut distinguer ces deux approches. Claire fait partie de la deuxième catégorie et si je lui demande pourquoi elle ne propose pas de stage de tambour ou autre initiation, elle a une réponse tranchée: «Je ne fais pas de stage de tambour, parce que c'est quelque chose que je ne supporte pas et que je n'ai pas exploré dans mes interactions avec les esprits. Est-ce un problème d'ego? J'espère que non. Pour moi, le rapport au tambour est sacré, c'est ce qui me maintient ancrée. Lorsque je pratique des cérémonies, je ne plaisante pas, je ne commence pas à inviter tout le monde à taper autour du feu. La simple idée de le faire me provoque une réaction allergique. Même lorsque je mène une cérémonie et que les participants arrivent avec leurs tambours, je respecte leur relation avec cet instrument en leur disant de le garder à leur côté, car c'est leur lien personnel. Mais je ne leur propose jamais de sortir leur tambour. Il y a eu une fois où, lors d'une initiation que j'animais, j'ai laissé les participants sortir leur tambour, mais cela a semblé... je ne sais pas... étrange. Je ne peux pas émettre d'opinion sur la relation qu'une personne entretient avec son tambour. En revanche, il y a quelque chose qui me dérange. Par exemple, j'ai déjà dû quitter des cercles comme ça où j'étais invitée, à cause d'une cacophonie énergétique, la cérémonie était menée avec l'ego des chamanes et non avec le cœur.»

Cela m'amène à poser la question de la transmission, du lignage, de la légitimité à pratiquer. Puisqu'en Occident nous n'avons pas de chamanisme, le cadre manque, et c'est difficile de se revendiquer «chamane», d'hériter d'une transmission qui serait reconnue de tous, et rassurante. Tout cela est impossible pour le moment. Alors, quel héritage?

— Lorsque j'ai cherché un nom d'écrivain pour mon premier livre, j'ai choisi Claire Marie. C'est devenu mon nom de femme médecine. D'une certaine façon, j'ai laissé tomber le «nom du père» en faisant cela. Récemment, un ami intelligent, en qui j'ai confiance, me l'a fait remarquer, il m'a dit: «Claire Marie, tu n'as jamais pu t'affilier car tu as un problème avec l'imago paternel. Quand on entend Claire Marie, on ne comprend pas d'où tu viens, on se demande où est ta lignée.» J'étais émue quand il a dit cela, et je me suis demandé, mais qui pourrait être mon père spirituel?... et l'énergie de Nyima Dondhup, le chamane tibétain qui m'a offert une initiation et dont je parle dans mon premier livre, est apparue. Mon ami m'a dit: «Oui, oui, Claire, c'est une bonne idée, demande à ses filles si tu peux utiliser son nom comme nom de famille.» Claire Dondhup... J'ai réfléchi, ce n'était pas idiot... mais après j'ai souri et j'ai compris que cela n'avait pas de sens. D'ailleurs, demanderait-on à un homme de porter le nom de sa mère pour avoir le droit d'exister? Alors, bien que la remarque de mon ami eût résonné avec une partie de moi, j'ai compris qu'elle était en partie biaisée par une vision patriarcale. Bien sûr, c'est vrai, on ne peut pas vivre sans appartenance, sans lignée, sans famille, mais Claire Marie, c'est bien mon nom d'appartenance: «Marie», mon nom de famille, non pas dans le sens légal du terme, mais dans le sens spirituel, Marie, comme archétype et figure féminine de l'Occident, figure d'amour. Je suis une chamane occidentale, mon outil de travail, c'est l'Amour, à travers le vecteur de la nature, alors, ma famille, c'est bien l'invisible féminin: Marie. Mon nom est mon ancrage dans ma lignée occidentale spirituelle.

Alors notre lignée spirituelle occidentale est-elle dans notre culture judéo-chrétienne ? Sûrement, mais comment la lier au chamanisme ? Cela semble impossible, et puis aujourd'hui la religion a si mauvaise presse. Elle peut même provoquer la fuite chez certains qui se réfugient donc vers d'autres spiritualités plus exotiques. À la fois plus rassurantes mais pourtant plus étrangères. Pour moi, il y a un paradoxe (encore un) à fuir son clan pour recréer un clan avec des étrangers tout en se référant à des sociétés claniques… mystère…

Aujourd'hui, Claire est donc très imprégnée de ce lien très fort qui la lie avec l'énergie tibétaine et les pratiques chamaniques des montagnes de l'Himalaya. Et pourtant, elle ne se sent pas attirée par la pratique religieuse elle-même ni par les rituels qui lui sont associés. « J'ai l'impression d'être déjà débordée par la multiplicité des Esprits et des visions qui m'assaillent, alors, je ne me sens pas le besoin de me connecter ni de faire appel à la variété si riche des déités qui animent la pratique du bouddhiste tibétain. Cela ferait trop. J'ai besoin de me centrer, de calme. » Ainsi, la pratique du zen lui convient, car elle lui permet de passer « de la forme à la non-forme » et de ne pas prendre trop au sérieux ses visions, sachant que, finalement, il n'y a que le vide, et que nous utilisons des formes pour naviguer dans le monde énergétique.

— La complexité de mon chemin, c'est que je manque un peu de cadre, j'invente mon système mais parfois je souffre de solitude, je rêverais de suivre une transmission plus directe. En essayant de rester la plus humble possible. Mais c'est un apprentissage de tous les jours. C'est compliqué lorsque les personnes qui viennent vers moi veulent recevoir un enseignement, elles sentent bien que je possède «un pouvoir», mais ce «pouvoir» ne relève d'aucune lignée. Même moi, je ne le comprends pas toujours. Je n'ai pas de modèle ni de maître pour me guider.

Normalement, un maître peut guider ses disciples en s'appuyant sur les enseignements de ses ancêtres, mais Claire n'a pas cette ressource: «Je dois accepter le fait que je n'ai pas de maître terrestre, mes seuls maîtres sont spirituels...»

Cette question du lignage en Occident est résolue par certains qui remontent à leurs origines pour leur légitimité comme Céline, avec un aïeul, ou Éric, avec son grand-père. Pour les autres, c'est plus compliqué, mais comme nous n'avons pas de protocole de désignation dans notre culture, cela revient à s'autodésigner. Ce qui existe d'ailleurs dans certaines traditions qui reconnaissent des chamanes après une maladie, ou après des rêves annonciateurs. Ces chamanes n'ont pas forcément quelqu'un qui les adoube, cela va juste être la culture chamanique reconnue par leur société qui va le faire. Ensuite, la question du maître ou du guide est aussi essentielle, chez nous elle se fait surtout par des chamanes d'autres pays. Dans certains pays à traditions chamaniques, le chamane peut n'être instruit que par ses rêves ou directement par ses esprits, le cas de Claire n'est donc pas choquant non plus sur ce point. Ce qu'elle a découvert justement dans ses «voyages» dans les mondes invisibles semble être précieux, cette toile des maladies, ce moyen d'entrer en contact avec l'esprit des maladies est sûrement très bénéfique. Cependant, il est utile de créer ici aussi des ponts anthropologiques en expliquant certains protocoles à des patients qui n'ont pas tous décidé d'aller consulter un chamane en rencontrant Claire. Même si elle aime à rappeler qu'il ne faut pas trop expliquer non plus. La balance est subtile donc entre familiariser et ne pas tout dévoiler. C'est à mon sens comme cela que le chamanisme fonctionne le mieux. Pour peu que tout le monde reste à sa place et que le consultant ne cherche pas forcément à apprendre à se servir du stéthoscope !

PHILIPPE LENAIF, CELUI QUI DANSE

En Belgique, j'ai eu le plaisir de revoir Philippe Lenaif et sa compagne Olga lors d'interviews et d'une conférence/signature que je donnais. La première rencontre a eu lieu juste après la période du Covid, alors que, l'ayant attrapé, je luttais contre des symptômes neurologiques désagréables, notamment des attaques de panique injustifiées. Je finissais l'écriture de mon deuxième livre, *Ma bible du chamanisme*, et je souhaitais écrire le portrait de Philippe parmi les chamanes qui faisaient partie du projet. Il m'avait alors décrit son parcours et sa méthode toute singulière. Ce qui m'intéresse chez lui, c'est qu'il a tout adapté à notre culture.

Bien que formé au Brésil à des techniques et des pratiques traditionnelles très puissantes, il a créé une approche de la transe propre à l'Europe, sa danse transe Mahorikatan, une transe profane accessible à tous et qui s'appuie sur des musiques occidentales.

La vie de Philippe commence par être chaotique, une enfance douloureuse au cours de laquelle il comprend qu'il va devoir être adulte très vite et surtout ne pas attendre de soutien affectif de la part de son entourage. Il se blinde, réussit ses études d'ingénieur et continue sa route comme il aime à dire: «J'ai passé une trentaine d'années en étant complètement absent de mes émotions et donc pour survivre, je me suis protégé derrière un ego et une carapace de super-héros, alors qu'à l'intérieur, c'était juste un désastre total!» Il se marie mais cela ne fonctionne pas et au bout d'un an, il se sépare. Il part au ski pour se changer les idées et rate un saut, chute et s'en sort avec un bon mal de dos. Sauf qu'avec le temps, la douleur s'installe, empire… Il consulte chiropracteurs, praticiens à l'hôpital… Finalement, tout se dégrade au lieu de s'arranger. Au bout de six mois, on lui annonce que sa jambe gauche est paralysée à 80% et qu'il doit subir une opération chirurgicale d'urgence. Il se dit que si on l'opère comme on l'a soigné jusque-là, il y a de quoi être inquiet et imaginer le pire. Pour lui, c'est le déclic. Il s'enfuit de l'hôpital et décide de prendre sa santé en main, en essayant de comprendre de l'intérieur ce qui lui arrive. «Ce jour-là, j'ai réalisé que j'avais une sorte de rage infinie de vivre. Je me suis dit: "Je ne sais pas comment je vais sortir de là, mais je vais y arriver!" J'ai raisonné comme un ingénieur face à ma colonne vertébrale, en me disant: "Si elle dévie de son axe, c'est qu'il y a de la pression dessus. Si en me la remettant droite de manière mécanique comme ils l'ont fait sans cesse cela n'a pas fonctionné, c'est qu'il y a peut-être un autre type de pression, psychique, ou spirituelle…"» Il se tourne vers la psychanalyse, puis au bout de quelques mois, prenant conscience qu'il n'a vraiment pas un accès facile à ses émotions, il teste une séance de danse psycho-corporelle. Il sent assez rapidement que quelque chose est en train de se produire, une imminence dont il ignore l'exacte teneur mais qui risque de le submerger. Face à une telle charge émotionnelle, n'importe quel individu aurait, d'après lui, fait une décompensation. «Sauf que je suis parti en transe et l'instructeur qui était aussi anthropologue est intervenu en disant: "Oh, mais c'est un chamane, il est en état de transe, il fait son truc avec ses esprits. Ne vous tracassez pas, quand il va revenir tout sera OK” et il a continué sa séance. Et pendant deux heures, je me suis retrouvé face à des animaux de pouvoir. J’ai eu des visions, reçu des enseignements sur plein de choses pour réparer mon dos et aussi commencer à utiliser mon don de guérison par le toucher. C’était ma toute première expérience de transe, et je n’avais jamais entendu parler de chamanes auparavant», raconte-t-il. Dans les premiers temps cependant, les transes se manifestent de manière sauvage. À chaque interaction un peu émotionnelle, il part en transe, et il remarque que cela agit sur les personnes, qu’elles se portent mieux ensuite, ainsi que lui. Jusqu’au jour où une de ses amies lui propose de rencontrer une grande initiée du Brésil qui venait faire un stage sur les quatre éléments avec des percussions. C’est une *Mãe de Santo* de la tradition d’Umbanda qui pratique l’incorporation d’esprits en état de transe. Lorsqu’elle remarque qu’il plonge en transe dès que le tambour résonne, elle lui propose: «Toi, viens avec moi. Nous allons recentrer tout cela et te faire entrer dans notre tradition», et elle l’emmène au Brésil.

C’est ainsi qu’il est initié à la transe médiumnique d’incorporation. Pendant cet état de transe spécifique, des esprits que Philippe qualifie d’un niveau de conscience très élevé et qu’il considère comme des formes d’«anges gardiens», sont incorporés. Une fois «à l’intérieur» du corps du médium (nom donné aux initiés de cette tradition), ces esprits utilisent leurs mouvements et leur voix pour transmettre des messages d’aide à ceux qui les consultent.

De la sorte, Philippe acquiert progressivement la capacité de contrôler ses transes.

En s'engageant en même temps dans une véritable introspection émotionnelle tout en évitant de plonger dans la transe de manière incontrôlée, Philippe parvient peu à peu à maîtriser un processus introspectif d'après lui complexe. Ainsi, il développe deux outils: celui des émotions, qui est du côté de l'humain, et celui de la guérison par la transe, qui est plutôt du côté chamanique.

Parallèlement, Philippe continue à s'instruire, notamment avec le travail de Jung, sa pensée et son processus introspectif d'individuation, l'introspection et la transe deviennent ainsi deux aspects très importants pour lui. Dans le domaine chamanique, il retrouve toute une aura de folklore mais dont la portée s'amenuise à mesure qu'il travaille l'introspection. Il comprend que dans toutes les traditions, le folklore représente des symboles puissants de l'inconscient collectif, imprégnés de tradition et de culture. «Cela m'a amené à réfléchir sur la tentation occidentale de s'immerger dans d'autres traditions, sans pour autant être imprégné de leur cosmogonie et de leur langage symbolique spécifique. J'ai compris que cela ne fonctionnerait jamais totalement, qu'il y aurait toujours un angle mort. Ce qui m'a semblé efficace, et ce qui fonctionne réellement, c'est la transe, et non l'adhésion à des symboles venant d'autres traditions. D'ailleurs, certains rituels ne sont tout simplement pas adaptés à notre culture occidentale», conclut-il.

En Afrique du Sud, Philippe fait la connaissance d'une guérisseuse traditionnelle, une *Sangoma* puissante et renommée qui aurait beaucoup de «pouvoirs». Il retourne la voir à plusieurs reprises en compagnie de groupes. Lorsqu'elle propose aux stagiaires qui la consultent des rituels à faire chez eux de retour à la maison, il les adapte systématiquement et les reformule afin qu'ils soient en accord avec l'inconscient collectif occidental. Selon lui, maintenir les rituels tels quels aurait provoqué des catastrophes, la pensée sud-africaine étant sur certains points très antinomique avec la pensée occidentale. Mais ainsi réécrits, les rituels fonctionnent extrêmement bien dans leur manière de s'adresser à l'inconscient. «En même temps, j'ai également constaté que certaines personnes venaient me voir en tant que chamane pour identifier ce qui n'allait pas, et je découvrais que leurs problèmes n'étaient pas liés à des symboles ésotériques extérieurs, mais à des traumatismes émotionnels internes. Je les guidais alors vers un travail d'introspection, mais à ce stade, beaucoup refusaient de continuer, affirmant que ce n'était pas ce pour quoi ils étaient venus. J'ai donc compris que de nombreuses personnes cherchaient dans le chamanisme à s'échapper de leur propre réalité et à se projeter dans une image différente d'elles-mêmes, mais qu'elles n'étaient pas prêtes à faire le travail nécessaire pour vraiment s'en sortir», relève-t-il. Là, nous sommes en face d'une forme réelle de «mode» et d'attrait pour quelque chose d'exotique, tout en ressortant le travers à mon sens numéro un de beaucoup d'Occidentaux: l'impatience... Tout doit aller vite pour eux, ils n'ont pas de temps à perdre avec une longue et difficile introspection, encore moins si c'est douloureux, donc la solution dans leur imaginaire: si elle est chamanique, elle est forcément magique donc rapide et efficace... L'un des grands malentendus qui attirent vers l'ésotérisme et le chamanisme.

— Comment as-tu procédé? Tu voulais associer les deux?, lui demandé-je.

— Oui, j'ai cherché à ramener tout ce qu'il y a de fantastique dans l'approche chamanique qui est essentiellement d'être en lien avec une dimension qui n'est pas celle à laquelle l'ego de la plupart des gens ont accès, tout en enlevant toutes les possibilités de fuir dans des images exotiques qui ne permettent pas de faire de l'introspection. Et donc, petit à petit, j'ai éliminé de ma pratique tout ce qui permettait aux gens de se raccrocher symboliquement à la vision classique du chamanisme avec les hochets, les tambours, les plumes, l'encens, tout cela pour tout ramener à de l'introspection. Sauf que comme l'introspection, c'est compliqué, ce n'est pas très agréable, je me suis dit que le meilleur moyen était d'utiliser la transe pour permettre à l'inconscient de s'harmoniser là où l'ego serait incapable de faire le job d'introspection.

Philippe cherche donc à mettre les participants de ses stages en transe. Mais de nouveau, quand on induit un état de transe par l'approche chamanique classique, cela provoque souvent des catharsis au cours desquelles «certains explosent dans tous les sens, se prennent pour des animaux et finissent aussi parfois par s'identifier à l'animal dans lequel ils se sont transformés. Cela relève encore de la projection sur l'extérieur», décrit-il. Alors Philippe explore et découvre qu'il y a une manière d'induire la transe de façon extrêmement *soft*, sans produire de catharsis, où l'on peut glisser tout doucement grâce à une danse presque au ralenti, et qui ramène au cœur de soi, à l'intérieur. Ainsi, l'inconscient, en dansant, produit des mouvements qui libèrent la charge traumatique inscrite dans l'enfance. Et cela fonctionne. Il met dix ans à peaufiner la technique avant de l'utiliser avec un large public. Cette méthode permet de gérer facilement des gens qui entrent dans cet état de transe et de savoir ce qu'ils risquent de vivre dans la plupart des cas. Dans la continuité de cette démarche, il se dit qu'il n'utilisera plus de tambours chamaniques, de musiques mongoles, ou des percussions de l'Afrique de l'Ouest comme support pour sa danse transe Mahorikatan, parce que c'est encore de l'exotisme.

Il se demande alors quelles musiques nous avons tous écoutées lors de nos gestations. Édith Piaf, les Beatles, Michael Jackson, etc.; il se dirige donc vers ces musiques-là, celles qu'on entend à la radio et plus aucune musique dite «de transe». Philippe explique que ces dernières sont toujours cadrées sur un *beat* du tambour de l'ordre de 140 bpm (battements par minute) qui produit une rupture dans le psychisme, une forme de pression qui agit sur la résistance du psychisme, un choc qui le fait basculer. Il trouve donc une manière d'induire la transe sans cette rupture. Ainsi, il utilise souvent des musiques extrêmement lentes comme du blues, mais aussi du rock, du jazz, de la pop, de la lounge, du classique ou des musiques traditionnelles. «La musique doit être soigneusement sélectionnée. Je dois l'écouter attentivement à plusieurs reprises pour la comprendre et surtout la ressentir. Ce qui est efficace en réalité, c'est l'effet physiologique produit par la musique. Que la personne apprécie ou non la musique, elle a un impact sur l'inconscient», explique Philippe. Ainsi, petit à petit, par le biais de réactions physiologiques successives provoquées par des musiques subtilement choisies, l'individu peut entrer en transe.

Ce que propose Philippe est finalement très pragmatique. Lorsqu'il parle de spiritualité, cela ne concerne pas les formes de spiritualité qui ne sont pas du tout incarnées, qui ne s'inscrivent pas dans le quotidien. Son souhait est de «ramener la spiritualité dans le monde profane». Ce qui signifie qu'il n'encourage pas ses consultants à faire des incantations aux dieux ou à un panthéon quelconque, qui ne leur appartiendraient pas culturellement, mais plutôt à comprendre différemment le fonctionnement de l'inconscient. Comme Jung l'a décrit, il y a une dimension *numineuse* (expression du sacré en nous) dans l'inconscient, et c'est là qu'il souhaite connecter les personnes au moteur de transformation «religieuse» qui est en eux. Jung a fait une distinction étymologique du mot «religion», *religare* et *relegere* en latin: le premier est utilisé pour se relier tous ensemble à la croyance que l'on va suivre, un guide pour aller vers Dieu, tandis que le second signifie scruter toujours plus profondément en soi pour aller chercher le divin en l'homme. C'est cette dimension spirituelle qui intéresse Philippe pour aider les gens à explorer toujours plus profondément en eux-mêmes, sans être entraînés par des tendances extérieures ou des fantasmes qui les feraient se perdre loin d'eux-mêmes: «S'unifier avec le sacré en soi pour se sentir unis avec ses semblables.» Philippe précise encore: «Ce n'est pas le fait d'avoir une pratique spirituelle ou encore d'apprendre à mener des rituels qui rend spirituel, mais le fait d'être en lien de plus en plus intime avec ce numineux, ce divin en nous, par notre processus d'introspection. Dans ma pratique, j'utilise les rituels pour aider les personnes dans leur démarche responsable d'introspection, et non pour leur permettre d'éviter de faire cette démarche en leur promettant quelque chose de magique venant de l'extérieur.»

Lorsque l'on poursuit la conversation avec Philippe Lenaif, ce qui apparaît très rapidement dans son discours, c'est qu'il est entouré d'une équipe de «guides» ou d'esprits qui l'accompagnent dans tout ce qu'il fait. Il dit aussi incorporer certains d'entre eux lors de ses transes. Je lui demande donc de m'expliquer comment il en est arrivé à constituer cette «équipe», comment cela se passe exactement. Avec sa deuxième femme, il pratique la PNL[1] parfois

1. PNL: Programmation neurolinguistique. Méthode étudiant les comportements et proposant des stratégies pour les contourner.

associée à de l'hypnose et au cours d'une séance où elle est la «patiente», il obtient un certain nombre de réponses. Il se met à entendre une voix à l'intérieur de lui, qui se présente comme un frère issu d'une fausse couche de sa mère (cette dernière ne lui en a jamais parlé, il en a eu confirmation après coup). Ainsi son frère l'introduit à cette équipe d'esprits. Il reçoit donc les informations, des initiations et passe même des examens pratiques, par cette tribu virtuelle de chamanes non incarnés, «en direct». Il se familiarise avec cet environnement pendant une année puis il reçoit l'information qu'il va être mis en relation avec un chamane pouvant le guider dans sa maîtrise de la transe. C'est alors qu'il rencontre la chamane brésilienne. «Grâce à cette pratique de transe d'incorporation dans la tradition d'Umbanda, j'ai aujourd'hui quatorze esprits au-dessus de ma tête que j'incorpore régulièrement et il y en a un qui est probablement le grand chef d'orchestre: une très vieille Indienne aveugle que j'ai rencontrée ensuite "virtuellement" au Pérou. C'est comme si je travaillais pour elle. C'est à la fois mon partenaire associé, ma boss, mon mentor. Et c'est elle qui un jour m'a dit que j'étais prêt à lâcher les traditions pour utiliser mes propres outils. "Tu reviens en Europe et tu vas bosser pour nous et transmettre ce que l'on a prévu que tu transmettes", a-t-elle conclu», raconte Philippe. C'est donc le moment de diffuser largement la danse Mahorikatan, qui est issue de nombreuses années d'introspection, de canalisation et de transmission d'une véritable philosophie de vie afin d'opérer une profonde transformation dans l'inconscient pour révéler la lumière en chacun, selon Philippe. En somme, une sorte de syncrétisme entre notre culture introspective avec la connaissance des mécanismes de l'inconscient et les techniques physiques issues des savoirs traditionnels. «De tout ce que j'ai pu utiliser comme attributs chamaniques au début, il ne reste aujourd'hui que ma pensée, une compréhension et une gestion particulière des émotions, et un peu de musique. Mais selon moi, je suis toujours dans les élans du chamanisme, en ce sens que je suis entouré des esprits qui me parlent et me guident mais qui ont aussi enlevé tout le folklore», explique Philippe. Ce qui m'amène tout naturellement une question:

— Tu as quand même été obligé d'aller chercher dans une autre culture un certain nombre de choses pour pouvoir structurer ce qui se passait et organiser ta transmission...
— Mais c'est parce qu'il n'y avait rien ici. Les rares personnes que j'ai croisées un peu guérisseurs, un peu rebouteux, n'étaient pas soutenues par une tradition. Les esprits m'ont dit: «On va aller te former dans une tradition, auprès d'un initié.» Au sujet de la tradition d'Umbanda ou du Candomblé au Brésil, il existe une trame similaire avec des divinités et compétences divines semblables, mais la manière d'accéder à ces divinités et de pratiquer les rituels varient d'un lieu de culte à un autre. Certains peuvent manquer de structuration, adoptant une approche plus bohème, tandis que d'autres sont extrêmement organisés. Pour ma part, j'ai eu la chance d'être initié dans un *terreiro* (lieu de culte) très structuré et très rigoureux. Après vingt-cinq ans dans ce *terreiro*, qui furent pour moi équivalents à une formation exceptionnelle à Harvard, je suis revenu en Belgique pour ouvrir un lieu de culte à la suite de la demande de mes esprits mentors. Je l'ai adapté aux besoins psycho-spirituels occidentaux tout en maintenant la qualité des rituels et le respect des esprits dans la tradition. Cela s'inscrit dans ma conviction que l'Occident est véritablement une terre

d'introspection, parce que là où il y avait du chamanisme, nous avons hérité de Freud, Jung, Reich, Ferenczi, etc. Ce n'est pas pour rien si on est né ici, il faut le prendre en considération.

Sur ce thème, Philippe Lenaif prêche une convaincue. Grâce à mes années d'initiations et de pratique du bouddhisme tibétain, je suis persuadée que l'on ne naît pas à un endroit par hasard. Si l'on naît en Occident, c'est parce qu'on a le karma d'y faire quelque chose et d'évoluer dans cette culture-là. Alors, qu'est-ce que la culture ? C'est l'environnement dans lequel on grandit, notre enfance, nos références, nos lectures, nos contes, nos rites même très amoindris, notre héritage judéo-chrétien en l'occurrence. C'est là où se sont exprimés nos premiers émois, notre lien parental, nos névroses aussi ne prennent pas la même forme selon les cultures, c'est bien tout ce que le travail de Tobie Nathan a révélé. D'où le sujet de ce livre encore une fois sur la pertinence d'importer des pratiques d'autres cultures pour effectuer des rituels – censés être des soins la plupart du temps – en Occident. Même si les besoins sont très identifiés, les réponses ne sont peut-être pas toujours adaptées. De plus, nous entraînons les autres civilisations dans nos sillages matérialistes, ce qui risque d'avoir des répercussions d'un point de vue spirituel. Sur ces points, Philippe partage mon point de vue et il ajoute : « Pour moi, l'objectif était de retrouver et de restaurer pour tous une dimension de l'humain qui est universelle, et c'est la transe. Car pendant des décennies, voire des siècles, l'accès à la transe était réservé aux religieux, aux sorciers, aux chamanes. Et quand quelqu'un partait en transe, s'il avait la chance d'être dans une tradition de chamane, on le voyait comme un initié. En Europe, on l'enfermait plutôt en hôpital psychiatrique. Jamais personne ne s'est questionné à ce sujet.» Pour Philippe, l'accès à la transe et le rapport sensitif et émotionnel à la musique dépassent le cadre culturel. La question reste de savoir dans quel but? Nous avons besoin de «tester» là où dans d'autres cultures le besoin est moins fort. Mais Philippe rappelle aussi justement que dans les pays où la tradition chamanique est forte, la population est très croyante et respectueuse du chamane. Si ce dernier dit quelque chose, les personnes qui le consultent vont le respecter, car le chamane les impressionne et fait autorité depuis des millénaires. C'est ancré en eux et de ce fait, cela va produire son effet, les prescriptions vont fonctionner. Alors que bien entendu, chez nous, cela ne se passe pas comme cela. Nous n'y croyons pas vraiment, nous sommes très méfiants, et comme ce n'est pas notre culture, ce n'est pas du tout intégré. Effet placebo ou culturel, ce n'est pas parce que mon chamane français va me dire quelque chose que je vais forcément y adhérer. Là aussi, le travail de Tobie Nathan a été très important, car il n'a pas cherché à plaquer les méthodes occidentales sur les patients émigrés qu'il traitait, cela n'aurait sans doute pas été aussi efficace que d'en faire appel à ce qui les «prenait», dans le sens de l'emprise. S'adresser à eux dans leur référencement culturel était efficient, et c'est ainsi qu'il cherchait dans leur référencement de croyances ce qui pouvait les rendre malades. Ici un esprit, là une généalogie, etc., tout était exploré. Il est important aussi d'observer tout notre rapport occidental à la spiritualité. Dans les sociétés traditionnelles encore très connectées à la dimension spirituelle de leur vie, il y a une reliance qui se fait plus spontanément. Pour nous Occidentaux c'est l'inverse, nous sommes très méfiants, envers n'importe quel maître spirituel que l'on soupçonne facilement d'être un gourou, ou bien envers nos religieux auxquels nous n'accordons souvent plus de crédit. Mais il y a aussi une question fondamentale, c'est que nous avons tendance à tout mélanger. Or le chamane traditionnel n'est pas forcément garant d'un chemin spirituel, ce n'est pas un maître d'ailleurs, au sens où nous l'entendons. Et ici non plus, les chamanes ne sont pas forcément des «éveillés». C'est aussi quelque chose que Philippe a parfaitement perçu: «À un moment donné, j'ai arrêté la pratique de l'Umbanda au Brésil, parce que je me suis rendu compte qu'il y a un endroit où ma dimension humaine ne grandissait plus. On sait très bien que les chamanes traditionnels sont avant tout des hommes et des femmes de "pouvoir" (dans le sens "pouvoir" de guérir ou d'initier), et ne sont pas obligatoirement des sages ou des éveillés. Alors bien sûr ils peuvent l'être, mais ce n'est pas nécessairement le cas. Au Brésil, j'ai compris que la personne qui m'a initié avait atteint, en ce qui me concerne, une limite au-delà de laquelle elle ne pouvait pas m'emmener, notamment parce qu'elle ne prônait aucune introspection au sens où je l'entends mais semblait compter uniquement sur ses guides pour la faire avancer.» Et c'est ainsi que Philippe a orienté sa pratique vers un chemin introspectif qui correspond à la fois à la culture occidentale, mais aussi à un besoin d'évoluer personnellement au cours de notre vie.

Il y a un point que nous avions abordé lors de ma première rencontre avec Philippe pour mon deuxième livre, c'est le fait de prendre des plantes psychotropes lors de rituels. À mon sens, il y a toujours un risque de décompensation tant ces plantes sont puissantes. Philippe me raconte deux anecdotes très marquantes, une en Amazonie et une autre avec des chamanes gabonaises.

Ayant la chance d'être l'ami intime d'un chamane shipibo qui un jour lui demande de soigner sa famille sur des aspects de stress typiquement occidentaux que lui ne cernait pas bien, Philippe utilise sa capacité médiumnique à diagnostiquer instantanément les traumatismes infantiles des personnes et décèle des différences structurelles importantes concernant l'organisation psychique des Indiens. En sens inverse, il constate que le chamane shipibo s'endort après avoir «traité» deux ou trois stagiaires et qu'il semble avoir des difficultés à les soigner, alors que couramment ce chamane soigne une douzaine d'Indiens au cours d'une même séance. Philippe lui demande alors de s'expliquer, et celui-ci témoigne que lorsqu'il soigne des membres de sa communauté shipibo, il retrouve en eux leur connexion à la fois à la nature mais aussi à leur communauté. De ce fait, s'il y en a un qui souffre, il chante pour lui des *icaros* spécifiques (chants sacrés qui harmonisent l'individu avec la nature environnante), mais tout le groupe en est également affecté, cela circule. Les Occidentaux étant complètement déconnectés et non reliés entre eux, casser les barrières de leur ego est beaucoup plus compliqué, demande énormément d'énergie et se révèle vite être épuisant. Et Philippe d'ajouter: «Sans compter que briser les barrières de l'ego brutalement peut s'avérer délicat – c'est une des raisons pour lesquelles il n'a jamais été question de faire prendre de l'ayahuasca aux stagiaires que j'ai emmenés en Amazonie –, seul le chamane en prenait. En effet, parfois la prise de plantes chez les Occidentaux peut provoquer des réactions psychosomatiques que les chamanes n'arrivent pas à comprendre et à gérer.»

Lors d'une cérémonie avec des *Nimas* (chamanes gabonaises), elles ont été surprises par la capacité qu'avait Philippe de calmer rapidement les participants Occidentaux qui souffraient beaucoup lors de la prise de plantes, de maux physiques divers, ce qui n'arrivait pas aux Gabonais. « Certains participants avaient un ego bien développé et ils avaient une sorte de rigidité psychique à l'intérieur qui était phénoménale. Et donc, qu'est-ce qu'a fait l'Iboga ? Il a tapé dedans violemment jusqu'à leur donner des maux de tête, ainsi que d'autres douleurs physiques. Moi, en les touchant, j'avais accès aux endroits où ils étaient psychiquement rigides et j'ai pu les apaiser aisément. Par conséquent, quel sens cela a de prendre des plantes ? Pour moi, c'est complètement déconnecté. J'ai vu des gens qui sont revenus après une prise d'ayahuasca avec des trous partout dans leur énergie. Il leur a fallu des années pour s'en remettre. Cela avait explosé les résistances de leur ego, certes, mais ils sont revenus dans un état d'urgence thérapeutique. »

À mon sens, cela peut arriver avec la transe aussi, surtout pratiquée aussi brutalement qu'avec le tambour, et notamment à l'étranger où l'espace vibratoire est différent. Chaque « terre » vibre différemment et nous ne sommes pas forcément adaptés à des niveaux différents de vibration, ce qui amplifie nos fragilités. Ces anecdotes m'ont fortement rappelé ma propre expérience au Sénégal et comment la « sorcière » présente a eu beaucoup de difficultés à me « calmer » et qu'elle ne comprenait pas vraiment ce qui m'arrivait. Nous pratiquions alors des danses *Ndop* censées représenter justement la capacité du groupe à soigner un individu, qui lors de sa transe expulse le mal, tout en étant soutenu par sa communauté. Or je n'étais pas soutenue par une communauté, ni par la mienne ni par la leur.

Les états de transe de Philippe ainsi que les caractéristiques phénoménologiques de la danse transe Mahorikatan sont par ailleurs étudiés en Belgique à l'Université et au CHU de Liège, auprès de neurologues spécialisés, qui font des recherches sur les états modifiés de conscience, également avec Corine Sombrun. Perception de la douleur et niveau de force physique avant, pendant et après la transe sont des notions qui sont également mesurées scientifiquement dans le cadre de ces recherches[2]. La danse transe Mahorikatan fait également l'objet d'un doctorat en anthropologie à l'Université catholique de Louvain. C'est dans cette mouvance que Philippe a créé sa Fondation Call of Souls, reconnue d'utilité publique par la Belgique, et qui soutient les thérapies alternatives par la transe.

---

2. Les premières conclusions sont parues sur *Neuroscience of consciousness*: Phenomenological characteristics of auto-induced cognitive trance and Mahorikatan® trance: https://academic.oup.com/nc/article/2024/1/niae024/7685370.
Cette étude a été réalisée en collaboration par le CHU et l'Université de Liège, l'Université catholique de Louvain, le TranceScience Research Institute et The Call of Souls Project Foundation. Avec Charlotte Grégoire, Corine Sombrun, Philippe Lenaif, Nolwenn Marie, Aurélie Giovine, Marion Walter, Olivia Gosseries, Audrey Vanhaudenhuyse. Les deux techniques ont été étudiées et comparées: l'article se concentre sur une étude comparée de deux types de transes occidentales: la transe cognitive auto-induite (AICT) développée par Corine Sombrun et la danse-transe Mahorikatan® (MT) mise au point par Philippe Lenaif. Les caractéristiques des deux méthodes ont été comparées pour explorer les similitudes et les différences entre les deux états induits. «Concernant les caractéristiques phénoménologiques des deux états de transe, de nombreuses similitudes ont été mises en évidence. Premièrement, en considérant l'ensemble de l'échantillon, l'expression de différentes émotions pendant la transe, les modifications des perceptions sensorielles, les perceptions de la kinesthésie, du temps et de l'espace, les sentiments d'unicité et de flux d'énergie, ainsi qu'une expansion de la conscience, ont été rapportés par la plupart des participants.»

En conclusion, Philippe a pris conscience que nos psychismes réagissent différemment aux pratiques traditionnelles chamaniques, que ce soit avec ou sans l'utilisation de plantes sacrées, et cela a renforcé son idée que l'application de ces pratiques dans notre contexte peut être biaisée. Il n'a jamais pris de plantes lui-même, parce que selon lui, il n'en a pas besoin. «Il a été observé que les êtres humains sur terre possèdent tous une dimension religieuse, même les plus athées car influencés inconsciemment par leur environnement», commente-t-il. Pour lui, il est essentiel de ramener les gens à ce contact avec leur sacré, ce qui peut être aussi simple que d'allumer une bougie et de s'agenouiller. «Donc, il y a des troubles psychiques qu'on ne peut résoudre que quand on nourrit l'âme. Et si tout le monde commence simplement en dansant à reconnecter le sacré en soi, cela va mener au respect pour le sacré à l'extérieur», résume-t-il. Philippe est finalement terriblement touché par le niveau de souffrance affective des humains et s'il a une mission dans cette vie, c'est d'essayer de les soulager. Ce qui semble être le but de tous les chamanes, quelle que soit leur culture.

Ce qui est intéressant dans l'approche de Philippe, c'est que l'exotisme peut selon lui induire en erreur et éloigner les consultants de l'introspection qui leur serait nécessaire. Peut-être en effet que les Occidentaux consultent des chamanes pour quelque chose qui est au-delà des besoins légitimes de reconnexion avec la nature, de renouer avec le sacré, de faire tribu ou encore de trouver du sens. Cela serait un mal-être individuel nécessitant un travail introspectif, ce que sans doute les consultants de sociétés traditionnelles vont moins chercher auprès de leurs chamanes. C'est un peu un questionnement en forme de qui-de-l'œuf-ou-de-la-poule, dans le sens où il semblerait aussi que ce mal-être soit sociétal, puisque ces problèmes apparaissent de nos jours dans les sociétés dites traditionnelles. En Occident, nous avons élaboré des techniques pour accompagner ces douleurs comme la psychothérapie et tous ses dérivés, il est étonnant de voir qu'en allant chercher des techniques comme le chamanisme, on en soit finalement arrivé à les associer à nos techniques à nous. En somme, le soin est à mon avis une question de culture. Le chamanisme se doit d'évoluer en Occident avec ses techniques de soin, et c'est un terrain glissant parce que cela mélange une forme de puissance, de pratiques encore à l'étude, auprès d'un public finalement vulnérable. Nous sommes probablement aux prémices d'un phénomène de « mondialisation » des soins, et nous avançons donc avec prudence et par tâtonnements.

Reste l'idée de l'appropriation culturelle, l'utilisation de la transe de manière occidentalisée est-elle possible ? La musique utilisée par Philippe Lenaif étant occidentale, l'approche est vraiment intéressante, elle ramène à l'idée que la transe est universelle, ce que je crois. Après tout, lors de nos très grands concerts, ne sommes-nous pas en transe légère lorsque nous dansons comme des dingues au son de nos musiques préférées diffusées en *live* et souvent de manière très forte ? Nous ressentons alors un effet cathartique, une tribu « éphémère » qui répond à son « sacré », à savoir l'artiste, et touche à son numineux.

DELPHINE VALEAU, LA DOUCEUR ET LE TEMPS

Delphine et moi, nous nous sommes rencontrées lors du stage de respiration holotropique en Bretagne. Elle m'avait confié avoir déjà une certaine expérience des états modifiés de conscience grâce à la diète de plantes. Étant une voyageuse régulière en Amérique du Sud depuis de nombreuses années, elle consomme fréquemment de l'ayahuasca là-bas. Ce stage a marqué le début d'une belle relation entre nous. Depuis, nous nous voyons de temps en temps pour échanger autour de nos chemins de vie, de nos questionnements. J'aime beaucoup sa douceur et son humilité, c'est quelqu'un qui avance avec une envie profonde d'aider autant les êtres que la planète, le vivant. Elle a une très grande éthique et une sagesse renforcée par son immense respect des autres. Son énergie est très différente des chamanes que je connais, beaucoup plus subtile et discrète, et je suis curieuse en préparant ce livre de comprendre pourquoi.

Depuis son enfance, Delphine est persuadée qu'il y a « quelque chose » de l'autre côté du voile. Elle ne converse pas avec les fantômes ou les esprits défunts, ne reçoit pas d'éducation religieuse, et pourtant elle est traversée par un mysticisme et une foi profonde née de sa fascination pour le Christ. Elle est également touchée par les tribus, les cultures indiennes, amérindiennes, et s'attriste de ce que les peuples natifs opprimés ont subi. Elle est aussi remuée par les histoires de sorcières qu'on a brûlées. Enfant, elle a cette profonde croyance en la magie. Delphine fait des études d'art, elle rédige un mémoire sur le primitivisme dans l'art contemporain. Elle s'intéresse aux masques, aux rituels des peuples primitifs natifs et bien sûr elle dévore les ouvrages de Mircea Eliade, Castaneda ou Henri Gougaud et un peu plus tard Corine Sombrun qu'elle rencontrera. Elle lit tous les livres qui lui tombent sous la main et qui traitent du chamanisme. Elle sent que cet appel est profond, c'est une conviction. Elle sait qu'un jour, elle ira à la rencontre des médecines de la terre en Amazonie, au Mexique. Après avoir œuvré à Paris pendant une quinzaine d'années dans le monde de l'art contemporain, l'organisation d'expo, la production photo, elle rencontre une femme qui revient du Pérou. C'est le déclic, le moment est venu pour elle de répondre à l'appel. Elle part au Pérou il y a une quinzaine d'années maintenant, et y reste un mois. Elle y fait une vingtaine de cérémonies, essentiellement autour de l'ayahuasca, «et un peu grand-père tabac», comme elle le nomme. «Cela va changer le cours de ma vie. Je vais apprendre à travers l'expérience personnelle en état modifié de conscience à voyager dans les différents mondes, et c'est pour moi une vraie reconnexion au premier voyage avec la plante. Ce que je vois, ce qui m'est montré dans les visions, dans les ressentis, dans l'expérience, dans cet état de conscience modifié, c'est quelque chose de tellement vaste... En même temps, je sens que mon âme attend cela depuis des années. Et beaucoup de choses vont remonter. La guérison du corps et de l'âme, l'apprentissage des espaces de navigation, les retrouvailles avec mon Êtreté. La conscience qu'il n'y a pas qu'un plan de création, mais un accès multidimensionnel... », raconte-t-elle.

Delphine témoigne de prendre conscience d'un nouvel espace-temps « qui dilate le temps qui du coup n'existe plus, le corps non plus n'existe plus ». Lorsqu'elle me raconte cela, je repense à ce que dit Céline qui reprend Mircea Eliade et le non-temps. Les deux premières cérémonies sont éprouvantes pour Delphine, l'appel de l'âme est tellement fort et les champs qui s'ouvrent semblent si vastes qu'elle craint de ne pas trouver le chemin du retour et de rester de l'autre côté. Le chamane qui l'accompagne ce jour-là la rassure, lui dit qu'ils iront à son rythme et lui donne une clé: écouter « la voix » du tambour. C'est ce qui lui permet de devenir, de vibrer sur la même onde au son du tambour et de commencer le voyage. Elle raconte se sentir devenir métamorphe, déployer ses ailes, se transformer en aigle... survoler avec le chamane des terres qu'elle connaît d'une autre vie, des landes de l'autre côté de l'océan. Elle reçoit beaucoup d'enseignements dont celui qu'elle peut guérir avec ses mains, ce qu'elle ignorait. Elle retrouve plein de connexions lors de ces voyages notamment avec des femmes chamanes qui l'enseignent sur beaucoup de choses en lien avec la création. À son retour à Paris, la magie commence à s'installer dans sa vie, tout se met à basculer. Delphine continue son travail dans la photo en tant que directrice de production dans un laboratoire de retouche d'image, afin d'avoir un salaire décent, et multiplie les formations en soins énergétiques, dont en lithothérapie. Et puis elle continue à s'initier au chamanisme en retournant au Pérou, au Guatemala, au Mexique, fait des quêtes de visions et de plantes avec la Grand-Mère Ayahuasca, avec le Grand-Père Peyotl. Elle teste aussi le travail avec les champignons. L'envie de devenir thérapeute commence à la titiller. Elle se forme auprès de l'école FSS, héritée de Michael Harner, afin de pouvoir prodiguer ce qu'elle appelle des « soins chamaniques » et apprendre à passer dans les états modifiés de conscience sans médecine de plantes, avec simplement le travail au tambour.

À ce moment de ses confidences, elle se souvient qu'adolescente, elle faisait des sorties de corps, sans vraiment comprendre ce que c'était. « J'allais voyager, mais je ne savais comment, c'était comme un évanouissement lors d'une vibration particulière, un sèche-cheveux, un moteur, un bruit qui s'enclenche devait me faire passer en état modifié de conscience et mon corps tombait et mon esprit voyageait », raconte-t-elle. Elle ne maîtrisait pas ces voyages, cela pouvait lui arriver dans la cour de l'école, le temps disparaissait, et elle se réveillait. La formation avec la FSS lui permet de comprendre ce qui se passe, découvrir toutes les techniques comme le recouvrement d'âmes, les soins divers et variés, qu'elle faisait déjà intuitivement avec ses clients depuis 2015, depuis son retour du Guatemala où elle a passé six mois. Elle est maintenant installée en Bretagne où elle pratique et accompagne essentiellement les femmes autour du nettoyage de matrices, la pratique de libérations émotionnelles et des recouvrements d'âme. Sa proposition est d'essayer de ramener les femmes auprès d'elles-mêmes en restaurant leur sagesse oubliée, leur reliance au grand vivant, à leur souveraineté. Delphine organise ses modules au moment des équinoxes et des solstices pour reconnecter avec l'aspect sauvage qui sommeille en chacune, à la force chamanique, ancestrale, instinctuelle. Ses parcours sont calqués sur la roue de médecine amérindienne qui ouvre un espace de guérison, elle les dirige seule « avec mes guides et mes alliés ». Elle organise aussi des stages d'initiation chamanique autour de thèmes comme les ancêtres, la roue de médecine, rêver sa vie. Enfin, avec un ami chamane mexicain, elle emmène des groupes à l'étranger pour diéter les plantes et découvrir leur médecine.

— Tu dirais que tu es chamane et que tu formes à pratiquer le chamanisme, devenir praticien en chamanisme, c'est le terme qui commence à s'employer?
— L'idée ce n'est pas de devenir chamane ou de former des chamanes. C'est vraiment d'expérimenter les états modifiés conscience et comment à travers eux on peut arriver à des guérisons à la fois dans nos lignées, et de manière individuelle. Et aujourd'hui, je peux dire que pour moi, le chamanisme, c'est vraiment l'apprentissage d'une vie, je suis au service de la Terre et de l'humanité, et je ne fais pas du chamanisme pour faire du marketing. C'est beaucoup d'abnégation, de renoncement, d'altruisme d'épouser cette vie au service du grand vivant universel. Être un phare pour les autres sans rien attendre, dans une perte d'identité égotique pour se fondre dans le vivant à la rencontre de notre être au service. Et ce chemin pour moi, il est sans fin. Rien n'est jamais gagné, on est toujours mis à l'épreuve, dans notre vie, où qu'on en soit, sur la voie, dans le travail. Moi vraiment, ce qui m'habite depuis ces dernières retraites chamaniques, avec la médecine des plantes, c'est l'impeccabilité. Comme disaient les Indiens: «marcher sa parole». Parce que, comme nous sommes incarnés, il y a toujours une tentation, une mise à l'épreuve et la possibilité finalement de revenir sur son choix d'être au service. Et puis tout à coup de privilégier le retour à une vie illusoire. En fait, on vit dans le monde de l'illusion où la connexion au Divin a été

perdue. L'Œuvre d'une vie est de quitter ce monde d'illusions et de raviver l'étincelle divine en nous, redevenir des créateurs conscients. Et la Nature, la Vie, la Grande Conscience universelle nous font des cadeaux en retour. Tout cela contribue à éveiller la voix du Maître en soi, à être souverain en son royaume.

LE NUMINEUX ET LE CHAMANE

La question de la sagesse des chamanes est vraiment complexe. Philippe Lenaif et moi-même avons discuté de ce sujet: tous les chamanes ne sont pas nécessairement des travailleurs de lumière, engagés dans un parcours spirituel visant à évoluer et à atteindre un état de conscience ouvert, comme dans le bouddhisme, ou à observer son ego. Ces idées sont issues de la philosophie asiatique et ont été intégrées, de manière adaptée, dans notre contexte occidental, ce qui nous pousse à attendre une forme de sagesse de la part des chamanes. Cependant, ce n'est pas le chemin emprunté par tous les chamanes, quelle que soit leur origine. Cette attente peut d'ailleurs prêter à confusion dans le sens où les Occidentaux vont rechercher auprès des chamanes un savoir de transformation profonde qu'ils ne sont peut-être pas capables de leur fournir. À mon sens, les attentes ne sont pas de cet ordre dans les pays ayant encore des voies chamaniques. Les chamanes occidentaux vont peut-être chercher à donner à ceux qui les consultent des enseignements de sagesse, en n'ayant pas toujours les outils qu'il faut pour.

Le sujet de la prise de plantes a suscité un vif intérêt de ma part. J'ai donc souhaité la contribution de Delphine à ce livre en raison de son expertise et de ses expériences dans ce domaine spécifique. Selon elle, l'utilisation des plantes permet de combler le besoin de guérison et de spiritualité, car la médecine des plantes s'adapte aux besoins de chacun. Personnellement, je n'ai jamais consommé de plantes; j'ai une appréhension à l'idée de fumer ne serait-ce que du cannabis, tant je crains les effets indésirables. Parmi les chamanes que j'ai interviewés, certains n'ont pris qu'une petite quantité de plantes, comme Céline une cuiller, et estiment ne pas en avoir besoin pour entrer en transe. En effet, chez Céline, j'ai observé à plusieurs reprises que sa transe survenait rapidement au son de la guimbarde et du tambour. Pourtant, il est souvent mentionné que les effets des plantes sont extraordinaires sur la conscience et permettent de véritables transformations profondes. Il est donc tentant d'en discuter, du moins d'en débattre.

J'exprime alors mes réserves à Delphine et notamment le fait que m'ont été rapportées de mauvaises expériences, des personnes qui après avoir ingéré de l'ayahuasca étaient au plus mal. Pour Delphine, tout est une question de préparation, d'accompagnement et de la qualité avec laquelle le chamane tient l'espace, dirige et chante les *Icaros*, ces chants sacrés utilisés lors des cérémonies qui aident la plante à «travailler» en chaque personne. «C'est une médecine d'une intelligence inégalable. Ce n'est pas pour rien qu'elle existe depuis des millénaires. Elle a une capacité à entrer en toi, à te montrer les choses et surtout avec ton bestiaire à toi, avec ton histoire, avec ton imaginaire. C'est-à-dire que pour comprendre une chose similaire, elle ne va pas utiliser les mêmes images chez deux personnes différentes, elle n'a pas la même façon d'amener l'information. Pour moi, la liane nous relie au divin. Elle va nous guider vers la réalisation du Soi. C'est comme un cordon ombilical qui nous relie à la Grande Mère, à notre être profond, à l'Univers. La plante va nous guider vers notre guérisseur intérieur. C'est vraiment un travail d'orfèvrerie», exprime Delphine. L'ayahuasca, c'est pour elle une force enseignante, une ouverture de conscience, qui propose des expériences et guérisons. C'est une plante maîtresse, c'est-à-dire qu'elle fait partie des esprits enseignants comme le tabac, le peyotl, le san pedro. Il y a un ou plusieurs esprits à l'intérieur de la plante; ces plantes sont dites enthéogènes (du grec *entheos* qui signifie «inspiré» ou «rempli du divin» et de *genesthai* qui veut dire «devenir»). Nous avons d'ailleurs aussi une tradition occidentale très forte avec des plantes, mais méconnue, que cela soit chez les sorcières qui utilisaient le datura, la jusquiame ou la mandragore, etc., ou encore chez les Grecs qui composaient des mélanges très puissants pour leurs oracles ou lors des cultes à mystères. De nombreuses études scientifiques sont actuellement menées pour comprendre les effets qu'ont ces plantes sur le cerveau car il semble que cela soit très bénéfique pour les personnes souffrant de stress post-traumatique, de dépression sévère ou encore d'addiction. Le livre *La Sagesse interdite* (éd. Véga) de Stéphane Schillinger est très complet sur ce sujet même s'il est très prosélyte.

«L'usage de ces plantes, qui induisent des états modifiés de conscience, est à des fins spirituelles ou chamaniques. Elles ont le pouvoir d'aider à développer ses capacités d'observation, de concentration, de conscientisation. Mettre en lumière ses ombres. Se libérer par la purge de tout ce qui pourrait être encombrant, les émotions cristallisées et sclérosées dans le corps. Cela peut être par des bâillements, de la toux, des rires, mais aussi des diarrhées ou des vomissements, mais ce n'est pas obligé! », précise Delphine. C'est bien ce qui fait le plus peur finalement, c'est cet aspect purgatoire dont on sent bien qu'il peut être violent. Même si Delphine m'assure qu'elle a eu très peu d'expériences désagréables au cours des très nombreuses cérémonies qu'elle a pu suivre, je ne suis pas du tout rassurée. Je ne peux m'ôter de la tête que quelqu'un de fragile psychologiquement ou tout simplement à un moment vulnérable de sa vie pourrait empirer sa situation avec de telles plantes et qu'elles poussent à l'autre bout du monde sans doute pour une bonne raison. Ce qui m'intrigue, c'est que Delphine m'explique que les enfants prennent de l'ayahuasca en Amérique du Sud, en petite dose bien entendu, et les villageois se mêlent aussi aux cérémonies dans les *malokas* (espace cérémoniel) pour en boire également. Cela fait partie des activités régulières des populations autochtones, comme jouer du tambour dans certaines tribus amérindiennes ou pratiquer la danse en Afrique. J'ai l'impression que nous avons tendance à tout vouloir essayer, la plante et la danse et le tambour et le voyage... Là où chez les peuples traditionnels, c'est plutôt compartimenté. En Mongolie, et en Asie plus généralement, le consultant ne pratique rien, il se contente d'écouter ce que le chamane a à lui dire en revenant de sa transe et d'accomplir les rituels exigés par les esprits qui sont souvent des offrandes ou des pèlerinages. Mais pas en Amérique du Sud: « Lorsque les villageois viennent aux cérémonies, cela nous apporte un véritable soutien, c'est indéniable. Mais on sent qu'ils sont habitués à cette médecine depuis longtemps et qu'ainsi ils sont plus résistants. Ils sont dans leur travail et il n'y a aucun débordement comme avec les Européens », raconte quand même Delphine. Sûrement beaucoup plus en phase avec la forêt, avec la nature, ils sont déjà en lien avec les esprits des plantes, depuis tout jeune. Alors, bien sûr, Delphine explique que toutes les précautions doivent être prises, et accepter le travail de guérison, c'est commencer par respecter ce que le chamane demande comme préparation, notamment ne pas consommer certaines substances avant la cérémonie. Delphine prépare les participants en organisant des entretiens avant et un suivi après les retraites, avec des explications profondes pour établir le pont culturel. Elle pense qu'il est préférable que le chamane qui donne la plante soit originaire du pays où cette tradition est pratiquée. Elle pense aussi que l'on peut ressentir un appel de la plante, et que cela signifie peut-être qu'on en a besoin pour travailler son histoire. Mais qu'il ne faut pas non plus se forcer si on ne le sent pas.

— Que réponds-tu à ceux qui pensent que ce n'est pas du tout adapté aux Occidentaux comme processus ?
— Je ne suis pas d'accord. Alors, pourquoi ce n'est pas accepté en Europe ? C'est tout simplement parce que cela risquerait de supplanter la médecine traditionnelle. À mon sens, c'est pour cela qu'on n'accepte pas les plantes enthéogènes dans la vieille Europe poussiéreuse. Cette médecine peut faire des miracles, pourquoi ne pas l'utiliser ? Alors oui, ces plantes ne poussent pas chez nous effectivement. Mais pour moi, le monde n'a pas de frontières...

Delphine partage avec moi un moment particulier où elle se retrouve seule avec un ami chamane au cœur de la forêt. Dans cette intimité, il lui ouvre l'espace pour chanter lors d'une cérémonie guidée par l'esprit de la plante. Elle s'en souvient comme d'un moment magique. Cela lui a permis de découvrir la puissance de son chant et de son tambour. Elle s'est sentie guidée par la plante dans les chants. Et aujourd'hui, lorsqu'elle chante en cérémonie, elle a la sensation d'«habiter» le chant, qu'il naît dans son ventre, croît et prend vie avec la voix. Le chant vient ouvrir des espaces de guérison, de protection et de reconnexion pour l'âme et le corps. Ce sont des chants de la grand-mère plante qui sont des clés par lesquelles le chamane se connecte à l'esprit, au monde spirituel, et cet esprit devient un allié. «Les mots des langues médecines qui germent comme des incantations, des mélopées comme des prières ancestrales viennent résonner dans les mémoires de ces terres anciennes, de ces sagesses ancestrales... Et quand le souffle est sorti de ma bouche, ce n'était plus moi qui chantais. Et ce chant contenait toute la sagesse, la force des Premières Nations, des peuples natifs, il contenait les odeurs, le vent...», s'émeut-elle. Pour Delphine, pendant cet état de conscience modifié, la plante va développer nos potentiels, notre créativité, une véritable magie va s'opérer en connexion aussi avec l'art, opérant un réveil que l'âme attend depuis des éons. Lorsqu'elle me transmet ce témoignage, je ne peux m'empêcher de penser que cela dépasse probablement totalement les différences culturelles.

Au Pérou, Delphine a ressenti plusieurs phases d'éveil de son âme. Selon elle, ce sont les plantes qui l'ont amenée à ce processus. Elle a découvert son «êtreté» comme elle l'appelle et la raison pour laquelle elle est venue dans cette incarnation. Pour elle, sans la plante, elle n'aurait pas eu ces informations et n'aurait pas compris tout cela ou plus tardivement.

«Je portais une partie des mémoires de souffrance de la terre pour la soulager. Je suis une vieille âme qui est au service et là, avec cette nouvelle ère du Verseau, avec tout ce qui se met en place, je n'ai plus besoin de garder ces mémoires. Je suis accompagnée par la médecine et par beaucoup d'alliés qui sont venus de différentes tribus des différents peuples natifs, qui vont aider à libérer ces mémoires. Je reçois des clés vibratoires depuis des espaces multidimensionnels que je transmets dans mes peintures ou dans les soins. Avant, les humains n'étaient pas prêts à les recevoir. Maintenant, cela commence à être le cas. Dans ces clés vibratoires, qui se déploient dans les espaces multidimensionnels avec le son, il y a des clés de guérison, de transformation et d'unification», me confie-t-elle.

Ce témoignage plein de tendresse évoque pour moi l'universalité de l'âme. Actuellement, dans les cercles ésotériques, on avance l'idée que notre âme a choisi de s'incarner avec les défis et les épreuves qui favoriseront son évolution. Pour ma part, ces notions me posent problème car je suis profondément influencée par le bouddhisme, qui ne reconnaît pas vraiment l'existence de l'âme. En revanche, ma culture judéo-chrétienne en est imprégnée. J'apprécie particulièrement l'idée, séduisante et rassurante, qu'il y a quelque chose après la mort. Malgré cela, j'ai des interrogations sur le concept d'évolution ou d'amélioration de l'âme. J'avais naïvement pensé que l'âme était parfaite, envisageant qu'elle soit une partie d'un tout divin, ce que l'on pourrait appeler la source. Étant parfaite, elle n'a pas besoin de devenir une meilleure version d'elle-même.

Delphine m'a expliqué que, selon elle, l'âme s'incarne avec ses blessures et qu'il est nécessaire de les surmonter et de les transcender, de s'aligner et de vibrer avec elle, en fonction de ses projets et de ses besoins. Si nous n'y parvenons pas, alors nous souffrons et sommes déconnectés de notre âme. De plus,

Delphine affirme que l'âme peut être fragmentée à la suite de traumatismes, ce qui nécessite des processus de guérison spécifiques comme le recouvrement d'âme, ou qu'elle peut être emprisonnée dans d'autres plans de conscience et qu'il faut la rassembler. Selon elle, nous nous incarnons pour grandir et nous libérer des illusions, ce qui rejoint en partie les enseignements bouddhiques sur ce sujet. «Je me suis incarnée pour accompagner les gens, pour être un phare, pour transmettre et pour aider la Terre à ascensionner. C'est pour cela que je me déplace dans certains endroits du monde où je me sens appelée, comme en Polynésie récemment et au Mexique, pour aller déposer des cristaux, ouvrir des portails pour que les fréquences énergétiques plus élevées puissent descendre», me dit-elle dans sa douceur manifeste. J'ignore si j'adhère à ces possibilités, je crois que tout est énergie, mais je ne sais pas à quel point certaines personnes sont capables d'être à ce point en connexion avec les énergies de la Terre.

Il reste à savoir si certaines prises de conscience ne peuvent se faire qu'avec l'aide de plantes ou non. Sont-elles un passage obligé pour atteindre et ouvrir certains pans de notre conscience et réparer certaines blessures? J'évoque le sujet avec Delphine:

— Castaneda lui-même témoigne que son maître lui aurait dit qu'il lui avait fait prendre toutes ces plantes parce qu'il était fermé d'esprit et pas assez réceptif à toutes les nouveautés qu'il devait assimiler au début de sa quête, mais qu'au fond, il n'avait pas besoin des plantes. Qu'en penses-tu?

— Oui, on n'en a pas forcément besoin. Je conseille à tous ceux qui sont appelés d'expérimenter cette médecine sacrée, mais effectivement ce n'est pas une nécessité. Certains mettent trente secondes à entrer en transe, en écoutant le tambour, c'est vrai, mais est-ce qu'ils vont arriver au même résultat ? Je ne sais pas. Moi j'ai besoin des deux. Chacun va aussi recevoir les choses en fonction de son don, de son cheminement, de là où il en est, de sa capacité aussi à lâcher prise, à recevoir.

Si Delphine est dans l'optique de marcher sa parole, c'est tout à son honneur et elle ne revendique pas de former qui que ce soit, cependant elle propose d'expérimenter. Mais la médecine des plantes est expérimentée par les populations traditionnelles. Nous avons ici deux points de vue très différents avec celui de Philippe Lenaif, et il est sans doute impossible de se faire un avis. Les plantes sont interdites en France, il nous faut donc faire sans de toute façon. Ce qui se passe en Amérique du Sud avec l'essor de la curiosité des Occidentaux pour les plantes est vraiment sujet à inquiétude. De nombreuses retraites ou stages sont faits sans éthique, les chamanes locaux y voyant surtout une manne financière. Ce n'est pas facile de trouver le bon contexte, sécurisé et honnête.

Delphine et Philippe ont pourtant en commun cette approche très spirituelle de chercher le divin en soi. Dans le bouddhisme aussi on cherche le maître intérieur. C'est beau de penser que nous avons tous une part divine, ou sage, apaisée, numineuse, clairvoyante en nous. C'est sans doute le but d'un chemin spirituel que de l'atteindre au plus près. Delphine, comme Céline, évoque cet espace sans temps, ouvert et relié à une forme de connaissance universelle qu'elles atteignent en état de conscience modifié. Alors le chamane serait-il un guide vers une forme de spiritualité ? L'animisme est-il cette spiritualité et le chamane son « prêtre » ? Il nous faudra du temps pour marcher vers cette possibilité.

ARNAUD RIOU, LE FACILITATEUR

Pour finir les rencontres de chamanes dans cet ouvrage destiné à les découvrir, j'ai souhaité interviewer Arnaud Riou. Ne l'ayant jamais rencontré ni partagé de cérémonies ou de stage, il ne me connaît pas au moment de notre mise en relation autrement que comme rédactrice en chef adjointe d'*Inexploré*. Il est un peu controversé chez les chamanes français, sûrement parce qu'il est assez célèbre et qu'il a beaucoup de clients. On lui reproche cette vulgarisation, mais aussi de faire un chamanisme « accessible », qui serait donc galvaudé. À mon sens, tout est tellement peu cadré que ces jugements n'ont pas lieu d'être. Quelle que soit la qualité de ce qu'il propose, il me semblait intéressant d'avoir son regard sur ce chamanisme contemporain et occidental non seulement parce qu'il le pratique depuis plus de trente ans, mais aussi justement parce qu'il est populaire et attire beaucoup de monde.

Arnaud a vraiment un profil d'autodidacte. Il arrête l'école à 16 ans et commence sa carrière par le théâtre, comme metteur en scène, comédien et directeur de théâtre. À la suite d'un accident de voiture à 24 ans, il s'intéresse aux médecines alternatives puis part en Inde, voyage au Tibet dans l'idée de rencontrer des maîtres spirituels. Il reçoit des initiations auprès des Drinkung Kagyu qui est une lignée assez ésotérique, proche du chamanisme dans le bouddhisme tibétain, il passe une douzaine d'années auprès de ces maîtres. Ensuite, il visite différents pays et rencontre des chamanes, que ce soit en Mongolie, en Amérique du Nord, en Amazonie, en Indonésie, en différentes régions d'Asie. Parallèlement, il anime des stages, à la fin des années 1990, autour de la connaissance de soi, de la libération émotionnelle ou pour comprendre sa personnalité, développer la confiance en soi, la connaissance de soi et puis progressivement intégrer la méditation. Il écrit un premier livre dans les années 2000: *Jouer le rôle de sa vie* (éd. de l'Homme). Son ouvrage *Réveillez le chaman qui est en vous* établit les liens avec le chamanisme (éd. Solar) qui à l'époque n'était pas aussi répandu qu'aujourd'hui en dehors des férus d'ésotérisme. Selon Arnaud, ce livre est clé dans ses enseignements, un vrai tournant dans sa carrière, «en montrant qu'il y avait une demande en France de liens avec le chamanisme, combien cela résonnait, combien les gens y étaient sensibles», évoque-t-il. S'ensuivront une quinzaine d'autres livres. Par ailleurs, toujours en voyageant, Arnaud rencontre Grand-Mère Ayangat, une chamane mongole avec laquelle il monte différents projets, notamment trois stages, deux documentaires et un livre. «Mon initiation principale, elle est avec les chamanes mongols puisque j'ai été nommé relayeur [le terme mongol pour chamane]. Et donc, c'est ce qui m'amène à communiquer avec des esprits qui sont ceux de ma lignée familiale du côté paternel», précise-t-il. Il crée également la fondation Terre Anima ayant pour but d'accompagner la transmission des sagesses des peuples premiers depuis une dizaine de pays différents. Enfin, il possède un lieu en Bourgogne, le moulin de Beaupré, un espace de retraite spirituelle et d'enseignement. Parallèlement, il fonde l'académie de l'acte, grâce à laquelle il forme depuis vingt-cinq ans environ cinq mille personnes à une approche de transformation, à travers notamment le chamanisme: «Pour moi, le chamanisme est une voie, qu'il est bien de compléter avec d'autres approches. Je suis fondateur de la voie de l'acte, approche consciente de la Totalité de l'être, une voie que j'ai créée en 2006 qui s'inspire des différentes disciplines que j'ai explorées: l'art dramatique – où l'on étudie comment l'acteur construit son rôle et ce qui se rapproche de l'idée que l'on peut créer notre vie aussi – par la méditation et le chamanisme et les arts martiaux que j'ai aussi pratiqués quinze ans, l'aïkido notamment», évoque-t-il.

En 2023, il sort le film *Etugen*, une rencontre entre le chamanisme et la pensée de certains acteurs occidentaux de l'art, de la science, du bien-être, et des profils spirituels comme des bouddhistes, des chercheurs. Ce très beau film a le mérite de présenter le chamanisme à ceux qui ne le connaissent pas. «Ma vocation consiste à établir les liens entre les sagesses des peuples premiers et le monde moderne. J'ai donc interviewé des chamanes du monde entier, mais aussi des philosophes, des scientifiques... Je me sens vraiment de plus en plus comme un interprète, comme un facilitateur parce que souvent le chamanisme est mal compris ou n'est pas compris du tout», commente Arnaud.

C'est bien pour cela que j'ai souhaité faire ce livre, pour faire connaissance avec ces chamanes occidentaux qui sont encore moins bien compris.

ENTRETIEN AVEC ARNAUD RIOU

Melanie: Le chamanisme, c'est un mot occidental. C'est aussi un vrai paradoxe parce qu'en même temps, c'est une pratique qu'on n'a pas en Occident.

Arnaud: Oui, nous sommes de toute façon face à un paradoxe. Et c'est pour cela que j'ai répondu positivement à l'appel de votre livre. Je crois que c'est vraiment important de se poser des questions. Certains considèrent que le chamanisme ne doit pas sortir des villages d'Amazonie, ou des plaines de Mongolie où il est pratiqué. D'autres croient qu'un stage d'un week-end suffit à faire de nous un chamane. Entre les deux, il y a vraiment un espace à découvrir qui demande beaucoup d'humilité, de discernement et un travail sérieux.

Melanie: Et beaucoup d'enseignements? Parce que justement l'enseignement n'est pas assez transmis...

Arnaud: Le chamanisme est une voie expérimentale plus que dogmatique. Elle passe par la déconstruction et l'expérience, plus que par l'acquisition de dogmes. Il existe des fédérations, ou quelques écoles qui se prêtent à ce jeu, de transmettre le chamanisme, il existe des voies d'enseignement. Mais selon moi, c'est une voie de déconstruction plus qu'une voie d'apprentissage.

Déconstruction de nos certitudes, de nos croyances, de notre savoir pour plonger dans une connaissance beaucoup plus organique. Et là, cela pose tout de suite une difficulté, c'est qu'à partir du moment où il n'y a pas de lignée, de transmission authentique ou héréditaire, on s'ouvre au tout et n'importe quoi. Il faut donc beaucoup de discernement.

Melanie: Ce qui m'a tout de suite posé question justement, c'est qu'à l'étranger quand on va consulter un chamane, c'est pour un problème bien précis. On y va, on fait des offrandes, on repart avec des conseils et puis c'est réglé. Alors que nous, les Occidentaux, il faut que l'on pratique, il faut que l'on fasse un stage de tambour, il faut que l'on mette « les pieds dedans ». C'est très étonnant comme démarche. Pourquoi est-ce que nous avons besoin d'essayer?

Arnaud: Il y a une chose déjà qui est particulière, c'est qu'en France, tout le monde veut devenir chamane! Je reçois tous les jours des messages de lecteurs qui me disent: « Quand j'entends le tambour, j'ai des vibrations, je fais des rêves particuliers. Est-ce que vous pouvez me confirmer que je suis chamane? », ce que je ne fais jamais bien sûr. En Mongolie, c'est exactement l'inverse. Quand on apprend qu'on est chamane, c'est comme si on apprenait qu'on avait la peste. Car cela veut dire que l'on va dédier notre vie à accompagner les autres et à prodiguer des soins, à aller soigner des animaux, à aller s'occuper des esprits, etc. Donc, on n'a pas du tout ce même regard sur le chamanisme. Et puis se dire « je suis chamane », cela résonne comme lorsqu'on se dit musicien: est-ce que l'on pratique son instrument? Est-ce que l'on travaille tous les jours? De plus, cela demande une certaine discrétion. Les chamanes normalement ne disent pas tellement qu'ils sont chamanes.

Melanie: Alors, avez-vous une explication d'après votre expérience? Sommes-nous tous chamanes?

Arnaud (rires): Non, nous ne sommes pas tous chamane, ça c'est certain! Pour autant, de la même façon que nous pouvons tous aller marcher en montagne sans être guides de haute montagne, ou prendre soin de notre santé sans être médecins, nous pouvons tous nous intéresser au chamanisme sans être chamanes. Nous sommes nombreux à avoir un appel vers le chamanisme. Et pour moi, il y a plusieurs raisons à cela. La première, c'est que nous avons été coupés de notre spiritualité originelle. Souvent, quand je discute avec des chamanes de tradition mongole, ou d'autres, ils m'interrogent sur nos origines judéo-chrétiennes. Mais ce n'est qu'une partie de notre histoire qui commence il y a seulement deux mille ans. Avant, la tradition druidique était proche du chamanisme dans laquelle on retrouve toutes les lois universelles et spirituelles, comme les cinq éléments, les huit directions, la communication avec les plantes, avec les esprits. On retrouve quasiment tous les piliers du chamanisme mongol. Le druidisme a été éradiqué entre le IIIe et le XIIIe siècle, étant coupés de ces racines, nous nous sommes retrouvés avec une autre forme de spiritualité: la religion catholique qui est une voie plus dogmatique, où les prêtres nous invitent à croire en la résurrection pour affirmer notre foi, là où le chamanisme nous invite à plonger en nous-mêmes dans l'expérience pour renforcer notre connaissance. Nous nous retrouvons alors démunis, réalisant que nous avons perdu nos traditions folkloriques, nos chants, nos jeux, nos récits, notre danse nationale. L'esprit nationaliste, la fierté du drapeau est plus connotée en France qu'il ne l'est en Mongolie. Des régions comme la Bretagne, les Pyrénées ou la Corse ont davantage conservé cette culture. On a des chants régionaux, mais on n'a pas de chants français. La troisième raison est l'accès récent aux cultures du monde. Il est plus facile aujourd'hui de voyager dans la distance que dans le temps et nous avons plus accès à la sagesse amérindienne qu'à la sagesse celtique restée très discrète. Il y a encore cinquante ans, rencontrer des chamanes mongols, des chamanes d'Amazonie ou même des maîtres tibétains était presque impossible. La transformation géopolitique nous a permis de découvrir d'autres traditions restées en lien avec la nature. Cette connexion avec la nature nous fascine ainsi que renouer avec ces peuples, avant inaccessibles.

Melanie: Je suis d'accord sur ce besoin de reconnexion en général. Mais pourquoi ressentons-nous le besoin de pratiquer nous-mêmes? Ne pourrions-nous pas simplement renouer avec l'aspect spirituel, avec la nature, etc., mais de manière plus passive? Pour moi, c'est typiquement occidental, et cette tendance est observée un peu partout dans le monde, de vouloir vivre l'expérience de manière immersive ou de vouloir maîtriser. Est-ce dû à notre propension à remettre en question les choses, même si ce n'est pas toujours pour le meilleur?

Arnaud: Peut-être parce que le chamanisme est aussi une voie d'introspection.

Melanie: Peut-être, mais moi j'ai l'impression que c'est nous qui en faisons une voie d'introspection. Est-ce que le monsieur et madame Tout-le-monde en Mongolie en font un chemin d'introspection?

Arnaud: Non, pas forcément. En Mongolie, on fait appel au chamane de façon très pragmatique, pour soigner une maladie, identifier les causes d'une épidémie, d'une malédiction, d'un accident... Nous en faisons un chemin d'introspection parce que c'est notre culture. Autrefois, l'attention portée à la psychologie était minime, voire marginale, mais elle a progressivement gagné en importance avec l'émergence de la psychiatrie. Par la suite, le psychiatre a évolué pour devenir psychanalyste, puis psychothérapeute. Ce dernier s'est intéressé à diverses approches telles que la PNL, l'analyse transactionnelle et l'hypnose, ce qui a ouvert la voie à une exploration plus profonde, y compris dans le chamanisme. En effet, l'utilisation de l'hypnose pour atteindre des états modifiés de conscience a conduit à considérer les mémoires collectives, un concept pour lequel Jung s'est notamment distingué de Freud. Ainsi, la quête de soi a progressivement intégré des pratiques telles que la méditation et le zen dans les années 1970, avec un intérêt croissant pour le bien-être personnel et une sensibilisation à l'environnement. Dans notre société occidentale moderne, nous sommes souvent orientés vers l'extérieur si on veut aller mieux, on va acheter une plus grosse voiture, une plus grande maison, on va essayer d'avoir une meilleure place dans son entreprise, on va chercher un homme ou une femme, quand on est malade, on va chercher des médicaments pour se soigner. Nous sommes toujours dans une quête qui va vers l'extérieur. Là où l'Orient cherche la paix, la sécurité, la reconnaissance, le bonheur dans une quête intérieure, plus méditative, introspective et spirituelle. Le bonheur alors ne dépend plus des circonstances extérieures. Nous sommes confrontés à un besoin croissant de plonger à l'intérieur de nous-mêmes, une démarche encouragée depuis longtemps par les traditions orientales, pour lesquelles l'intuition était naturelle, la conscience de l'instinct était naturelle, là où nous nous en sommes coupés. Et dans la prophétie de l'aigle et du condor, il est dit que tous les cinq cents ans, il y a comme un changement de cycle. Aujourd'hui, nous arrivons tout à la fin de l'ère de l'aigle, au début de l'ère du condor, c'est-à-dire à la fin de cette période d'extériorité et nous allons entrer dans une période d'intériorité. Depuis les années 1960-1970, on commence vraiment à s'intéresser à soi, à se développer dans un appel qui était proportionnel à la frustration qui a duré pendant cinq siècles. Il y a encore trois générations, nos grands-parents s'occupaient de leur ferme et pas tellement de leur bien-être. Donc, face à ce changement, cette invitation à plonger en soi est intéressante, mais c'est comme le mouvement du balancier, on tend à se découvrir « moi d'abord, moi d'abord », ce qui tend à une forme d'égocentrisme qui à un moment donné aura besoin de basculer l'autre côté du balancier. Il y aura besoin d'un rééquilibrage vers une conscience plus collective, comme le propose le chamanisme, qui nous invite à prendre soin de nous-mêmes tout en reconnaissant notre interconnexion avec les autres, la nature et l'ensemble de l'univers.

Melanie : Nous avons aussi perdu la notion de tribu. Je m'interroge beaucoup sur cette tendance à participer à des stages avec des personnes inconnues. Par exemple, j'ai participé à une hutte de sudation de cette manière. J'ai trouvé le rituel extraordinaire et il m'a beaucoup apporté, mais en même temps, j'étais entourée de vingt-cinq personnes que je ne connaissais pas et que je ne reverrais probablement jamais. Traditionnellement, la hutte de sudation était effectuée au sein de la tribu, avec un sens bien défini. Alors, que devrions-nous faire? Je me pose également des questions sur l'usage du tambour. Tout le monde se met à jouer du tambour alors qu'à l'origine, dans les cultures traditionnelles, seul le chamane utilisait cet instrument.

Arnaud: Oui, sauf dans certaines traditions des natifs d'Amérique où le *Mama drum*, ce gros tambour, était joué par la communauté, alors que chacun participait aux rituels collectifs. Dans cette tribu, chaque membre a son rôle, son clan, sa place. Cette notion de communauté est présente dans toutes les traditions, impliquant non seulement le chamane, mais aussi les musiciens, les danseurs, contribuant ainsi au lien social, au ciment collectif, à la cohésion du clan. Malheureusement, nous avons perdu cette tradition collective avec la disparition des fêtes de village, des cérémonies païennes, druidiques ou celtes. Nous nous contentons désormais de célébrations familiales telles que Noël, qui tendent également à disparaître. Il est donc essentiel de retrouver notre clan, notre tribu. Il arrive parfois qu'en participant à un stage avec des inconnus, nous développions des liens plus intimes avec eux qu'avec notre propre famille, qui peut nous connaître moins bien finalement. Cela répond à un besoin profond de retrouver notre équilibre écologique, nos racines, du sens à notre vie et un sentiment d'appartenance. Ces quatre piliers justifient le retour actuel vers le chamanisme, le druidisme, voire la sorcellerie. Les cercles de femmes ou les pratiques de sorcières sont des moyens pour les individus, femmes comme hommes, de retrouver leur pouvoir, perdu au fil des siècles, même si cela peut parfois sembler maladroit.

Melanie : C'est sûr, mais c'est très récent. Je me fais un peu l'avocat du diable, est-ce que le risque, ce n'est pas un peu de picorer, de rester en surface ? On construit une tribu, mais en fait elle est éphémère, on se connecte au tambour, mais pourquoi en fait ? On dira toujours que c'est mieux que rien. On rencontre la même chose dans la méditation, il y a deux clans irréconciliables, ceux qui disent c'est mieux que rien, c'est un premier pas, c'est une porte d'entrée et ceux qui disent non ça dénature, ça simplifie trop, c'est de l'appropriation et on n'a rien compris...

Arnaud : Oui. On retrouve la même chose dans la méditation, et dans le développement personnel, il y a cinquante ans, personne ne s'y intéressait. Aujourd'hui, de plus en plus de gens s'intéressent au développement personnel avec tous les abus de « personnel », c'est-à-dire que c'est moi, moi, moi... développer l'ego au maximum et perdre la notion de tribu, de clan, de collectif, de société même. Comme nous sommes dans une période de transition, comme dans toutes les périodes de transition, il y a le meilleur comme le pire. Et ce n'est pas parce qu'il y a le pire qu'on doit empêcher le meilleur. Cela demande beaucoup de discernement quand on veut s'intéresser au chamanisme, quand on veut pratiquer le chamanisme, parce qu'on peut y aller pour de mauvaises raisons.

Melanie : Normalement, le chamanisme s'appuie sur une foi, sur l'animisme. Est-ce que c'est quelque chose que vous transmettez dans vos stages ?

Arnaud : Oui. Le chamanisme et l'animisme sont intimement liés et ont grandi ensemble dans la conscience que tout ce qui vibre est animé d'un esprit. Les premières civilisations qui étaient beaucoup plus en lien avec la nature, donc beaucoup plus vulnérables, étaient plus sensibles et donc ressentaient davantage l'esprit du vivant dans les arbres, dans les rivières. Il y a une dimension écologique dans le chamanisme, on se rend compte que, en étant dans cette posture hyperconsumériste, on a considéré l'environnement, la nature comme de la matière première pour satisfaire nos besoins, cela s'est fait graduellement au fil des siècles. Mais depuis le passage du paléolithique au néolithique, on n'a pas cessé de changer d'un environnement dont on faisait partie à un environnement qu'on a commencé à dompter. Au néolithique, les hommes sont passés d'une vie de chasseurs-cueilleurs à une vie d'éleveurs et ont débuté l'élevage. Et puis progressivement, on utilise la nature, on la voit de plus en plus comme une ressource sans aucune conscience. Et on est en train de courir à notre perte en fait, c'est une certitude. On va avoir besoin de devenir plus sensible si on veut survivre, si l'humanité veut survivre.

Melanie : Quand vous dites que vous construisez des ponts entre le chamanisme et le monde moderne, c'est en essayant de transmettre ce regard-là ?

Arnaud : On ne peut pas vivre en étant séparé, on ne peut pas dire : « Là, il y a les chamanes en Amazonie, c'est exotique, et ici, nous sommes dans des choses sérieuses avec des responsabilités importantes. » Nous sommes pareils aux organes différents d'un même corps. Si le poumon s'asphyxie, le cœur est condamné à plus ou moins long terme. Souvent, on oppose la spiritualité et la science. Alors que pour moi ce n'est absolument pas incompatible. On peut être très pragmatique, avoir un esprit très scientifique et s'intéresser au chamanisme. Mais c'est dans notre monde moderne, d'isoler le chamanisme, d'en faire un accessoire entre le développement personnel et le folklore. On considère le folklore comme quelque chose de péjoratif. Pourtant, l'étymologie du folklore est noble. Cela vient de «l'exposition des connaissances et du savoir». On a besoin du folklore car c'est la façon dont on va transmettre nos connaissances et nos savoirs à travers la danse, à travers le chant, à travers les rituels et on a besoin de beaucoup de rituels pour retrouver du sens.

Melanie: Ce que vous faites, c'est que vous prenez le folklore mongol et que vous le transmettez aux Occidentaux, comment ça se passe?

Arnaud: Alors non, non. Là aussi, je suis très attentif. Et je ne transmets pas le folklore mongol parce que je laisse ça aux Mongols, ils le font très bien. En revanche, j'établis des ponts. J'invite régulièrement des chamanes de Mongolie. Et pareil pour le chamanisme amazonien. Je fais beaucoup de cérémonies mais je ne transmets pas, par exemple, les plantes médecines en France.

Melanie: Alors, que transmettez-vous?

Arnaud: J'enseigne, parce que les enseignements traditionnels sont souvent difficiles à adapter en Occident, surtout pour un public urbain pressé qui cherche à saisir rapidement. Le chamanisme mongol brut, par exemple, est souvent difficile à appréhender et nécessite d'être vulgarisé, simplifié et adapté pour être accessible. C'est un peu comme parler différentes langues pour faciliter la compréhension entre les peuples. Aujourd'hui, si les chamanes mongols interviennent en entreprise, les entrepreneurs peuvent les trouver étranges et déconcertants. Il est donc nécessaire d'avoir des interprètes pour aider à faire le lien, et c'est là où j'interviens, comme un interprète des traditions chamaniques pour les rendre accessibles à un public occidental.

Melanie: Mais est-ce qu'il n'y a pas un risque de perdre certaines valeurs et le sens de certaines traditions en les vulgarisant?

Arnaud: Si, il y a le risque de perdre et il y a le risque d'appropriation culturelle. Ce sont les deux risques qui existent et qui demandent de l'humilité, du discernement, de l'honnêteté et de la pudeur et d'avancer doucement parce que ça peut aller très vite de dévoyer une tradition. Si je regarde le chamanisme mongol par exemple, j'ai vraiment la certitude que plus ça va aller, plus il y a de Français qui vont être reconnus chamanes par les Mongols, c'est une certitude.

Melanie: Pourquoi?

Arnaud: Mais cela reste un peu un mystère. Nous nous intéressons à eux et eux s'intéressent à nous. De plus, ces traditions sont souvent amenées à disparaître. Je revis avec les Mongols ce que j'ai vécu il y a vingt ans avec les Tibétains quand les lamas qui m'ont transmis des initiations qu'il y a quarante ans, on ne donnait qu'aux moines après trois ans de retraite.

Et donc, je recevais beaucoup plus d'initiations que je ne disposais de temps pour les pratiquer. Mais les lamas comme les chamanes savent très bien ce qu'ils font: ils sont en train de transmettre parce que sinon ils sont condamnés à mourir. En Amazonie, je vois bien comment cela se passe quotidiennement: les tribus d'Amazonie ont de plus en plus de difficulté à vivre comme elles vivaient il y a cinquante ans, parce qu'elles sont expatriées, parce qu'elles sont délocalisées par les entreprises européennes. De leur côté, les chamanes et les nomades de Mongolie ont de plus en plus de difficulté à vivre une vie nomade parce qu'ils sont de plus en plus amenés vers les villes, et donc ils perdent leurs traditions. C'est pour cela qu'on a besoin de vivre ensemble et que nous avons une responsabilité importante. Je ne suis pas habilité à transmettre officiellement le bouddhisme tibétain, mais j'ai tellement baigné dans la culture tibétaine, je la connais tellement bien, que l'essentiel des enseignements m'est familier, et je vois combien ils peuvent être précieux pour nous. En fait, il s'agit de transmettre ce qu'on a vraiment expérimenté et c'est un peu comme le tambour. Aujourd'hui, n'importe qui peut acheter un tambour et s'autoproclamer guérisseur avec tous les dangers inhérents. Dernièrement, un thérapeute m'a appelé pour me demander comment faire lorsqu'un participant entre en transe lors d'un stage... Eh bien, c'est un peu comme si je partais en montagne avec un groupe alors que moi-même je n'ai qu'une faible expérience de la montagne ! Il vaut mieux apprendre petit à petit avec humilité.

Personnellement, j'ai davantage étudié les montagnes intérieures parce que je me suis beaucoup perdu en les parcourant, j'ai appris le chemin. Parmi cet apprentissage, le chamanisme est une des voies qui m'a aidé. Ce n'est pas la seule. D'autres voies m'ont aidé, comme la méditation, les arts martiaux, la thérapie.

Il y a aussi beaucoup de personnes qui rêvent de partir en Mongolie ou qui m'appellent en me demandant à rencontrer un chamane. Parfois, la rencontre avec un chamane peut être expéditive et décevante, sans véritable explication ni transformation. Il est important de ne pas accorder aux chamanes plus de pouvoir qu'ils n'en ont réellement. Beaucoup de gens cherchent des solutions dans le chamanisme parce qu'ils peinent à trouver des réponses dans la médecine moderne, mais il est essentiel de ne pas idéaliser cette pratique. La spiritualité devient alors une fuite et le chamanisme est une voie parmi tant d'autres qui permet d'explorer le monde invisible, mais cela ne dispense pas d'un travail personnel. Certains fuient leurs difficultés relationnelles en se tournant vers des pratiques spirituelles, ce qui peut parfois être une échappatoire.

Dans nos traditions druidiques, il y avait trois cercles et le premier, c'est le cercle terrestre. On s'intéresse à nos relations, à nos émotions, on apprend à notre corps comment il fonctionne, on apprend vraiment la matière, le visible. Ensuite, quand on connaît bien le premier cercle, on explore le deuxième cercle qui est le monde invisible, le monde des lignées, des esprits, des lieux, etc. Une fois qu'on est à l'aise avec, on apprend le troisième cercle qui établit les liens entre les deux. Je vois des gens, par exemple, qui ont beaucoup de difficultés relationnelles : ils vont bien s'entendre avec leurs esprits et leurs guides et ils vont se fâcher avec leur voisin. Et là, il y a quelque chose de très romancé dans son ensemble.

Certains peuvent se perdre dans une romance spirituelle sans régler leurs problèmes relationnels concrets.

Melanie : Il y a effectivement aussi un risque avec la transe, parce qu'aujourd'hui, c'est quand même quelque chose qui commence à se vulgariser, un peu comme avec le tambour. Il y a des gens qui font des cercles de tambours sans savoir comment gérer la transe de certains participants, ce qui peut être traumatisant.

Arnaud: Amener quelqu'un à la transe, c'est assez facile, ce n'est pas très compliqué. En même temps, lui expliquer ce qui s'est passé et qu'ensuite la transe lui serve à quelque chose, qu'il revienne avec quelque chose de concret et d'utile pour lui, c'est un autre paysage. C'est comme pour les plantes qui sont encore en grande partie interdites en France, cela demande des précautions qui nous dépassent. Même si les chamanes d'Amazonie nous disent dans mon film *Etugen* que l'esprit des plantes est amené à sortir de l'Amazonie pour aller toucher l'Occident. Parce qu'on est dans cette ambivalence. Les plantes par exemple ont un pouvoir incroyable qui peut nous aider dans la médecine, dans la compréhension de soi, la compréhension des phénomènes, etc. La transe, c'est pareil, cela nous ouvre des portes sur des domaines complètement inexplorés. Je compare souvent ces outils chamaniques au microscope. D'un seul coup, on met son œil dans le microscope, on est impressionné par ce qu'on y découvre: les microbes, les cellules... On prend une goutte de sang et on se rend compte qu'il y a des milliards de vies. C'est phénoménal. La transe, c'est la même chose, les plantes médecines, c'est la même chose et les voyages au tambour, cela peut être la même chose. On découvre d'un seul coup qu'on a une potentialité infinie, qu'on a un pouvoir incroyable et une puissance dont on s'est souvent coupé. Et quand on prend conscience de cela, on a envie d'y aller, mais cela demande d'être vraiment guidé. Et souvent dans le chamanisme, on veut tout de suite discuter avec les esprits, on veut tout de suite incorporer, mais pour cela, il faut être très ancré pour ne pas devenir schizophrène.

Melanie : Je trouve cette attirance fascinante. Alors que personnellement, j'ai vécu une expérience de transe et d'incorporation, j'avais 20 ans, en Afrique, et j'ai été traumatisée. On dirait que je fais le chemin inverse : je n'ai vraiment pas envie d'y aller. J'ai envie de dire que le chamanisme aujourd'hui se situe entre dérives et besoins.

Arnaud : Oui, oui, c'est vraiment à la frontière entre les deux. Et ce n'est pas parce qu'il y a des risques de dérives qu'il faut oublier les besoins, mais il faut beaucoup de discernement et d'humilité et avancer progressivement. Souvent, on veut aller trop vite et en un week-end avoir passé toutes les étapes. Mais c'est beaucoup plus long et complexe. Et c'est aussi très culturel : on veut vite, beaucoup et avec le moins d'effort possible. Mais c'est sûr qu'une vraie incorporation quand on en a vécu une en général, on n'a pas tellement envie d'en vivre une autre. C'est pour cela que les chamanes mongols n'ont pas du tout envie d'être chamanes. Et notre culture, dans sa tradition, est au carrefour de tellement de choses. Alors faisons-en une force plutôt qu'un handicap. C'est-à-dire qu'on a accès aujourd'hui à la physique quantique, à la méditation, à la psychologie, au chamanisme, donc utilisons ces différentes voies pour voir comment elles peuvent cohabiter. Ainsi, avant de faire un voyage chamanique, c'est important d'être déjà bien ancré, d'être bien dans son corps et de pacifier ses émotions. Mais pour moi, le chamanisme tel qu'il est pratiqué en Occident demanderait beaucoup de prérequis.

Melanie : Et puis il y a beaucoup de fantasmes aussi. Quand on cite l'animal totem, pour moi, c'est une aberration que tout le monde cherche le sien, on est typiquement dans une incompréhension.

Arnaud : Oui, mais derrière, il y a la possibilité d'aller retrouver notre pouvoir. Si on nous dit « votre animal totem va vous aider à retrouver votre pouvoir », alors nous sommes tentés de nous ruer. Mais ce n'est pas le fait d'avoir son animal totem, l'ours ou le pélican, qui va nous aider. Ce qui va nous aider à trouver notre pouvoir, c'est le travail de toute une vie, d'humilité, c'est tout le discernement, la patience, le travail de fond. Et ne pas chercher à être chamane vraiment ! Et pourtant, j'ai écrit ce livre *Réveiller le chaman qui est en vous* ! Je sais qu'il a contribué à cela, on en parle tellement, il a été un best-seller. À l'époque, c'est mon éditeur qui voulait que j'écrive sur le chamanisme. Au début, je ne voulais pas. Et puis j'ai écrit en disant qu'on a tous accès à cette voie-là, mais que ça nous donne envie d'être plus humbles, de poser un genou à terre devant la complexité de l'humanité plutôt que de se décréter un titre. Aujourd'hui, je suis très attentif dans mes élans, à mes prises de paroles, et ce n'est pas parce que j'ai écrit un livre qui s'appelle *Réveillez le chaman qui est en vous* qu'on est tous chamanes ni que nous en avons le potentiel. Et c'est important de se libérer aussi de l'attente, de se libérer de l'enjeu. Pour se libérer dans ce monde moderne, il est important de rester bien les pieds sur terre ; le chamanisme s'adapte à son environnement et nous sommes souvent dans un environnement urbain, pour beaucoup d'entre nous, modernes de fin de cycle, on est dans une période chaotique, de grande remise en question. Et le chamanisme pourra nous apporter des pistes, si on avance avec prudence. Alors il aura rempli son rôle.

***

Cet entretien m'a paru très éclairant, notamment en ce qui concerne l'héritage et la légitimité de l'Occident face à ce chamanisme venu d'ailleurs. Lorsque la Chine a envahi le Tibet, la plupart des maîtres sont partis en exil et grâce à cela, le bouddhisme s'est répandu en Occident beaucoup plus vite que si cette invasion n'avait pas eu lieu. Aujourd'hui, les Occidentaux pratiquent le bouddhisme «à leur manière», là où au Tibet seuls les moines, les nonnes et les enfants scolarisés en monastères pratiquaient. Une forme de méditation laïque est même née, dépouillée de sa nature religieuse. Pour le meilleur ou pour le pire? Le chamanisme est donc peut-être transmis, comme le suggère Arnaud, afin de ne pas se perdre. Lui aussi pense que nous en faisons une voie d'introspection, et j'ai relevé un paradoxe, encore un... D'un côté, nous sommes attirés par l'extérieur pour trouver des solutions à nos manques, comme se plonger dans la matérialité, alors que l'introspection salvatrice nécessite un retour vers l'intériorité mais d'un autre côté nous avons tendance à nous tourner vers nous-mêmes à la moindre occasion, faisant de notre ego notre maître. Le chamanisme en nous reliant à la nature peut apporter quelques réponses, j'en suis certaine. Mais nous ne sommes pas tous des chamanes pour autant! Dans son parcours, Arnaud souligne l'importance de «traduire» sans dévoyer, mais il est compliqué de pouvoir vérifier quand commence le moment où l'on dévoie. Même avec la meilleure volonté du monde, si l'on pratique un rituel en changeant des modalités, parce qu'elles ne nous arrangent pas, comme recréer une tribu virtuelle pour une hutte, sommes-nous dans l'appropriation culturelle? Arnaud souligne notre besoin de tribu et que nous sommes parfois plus proches de compagnons spirituels que de notre famille, c'est certain, c'est justement le problème occidental: renier sa famille et s'en créer une nouvelle. De ce fait, le rapport aux ancêtres et aux anciens est trouble. Alors, le chamanisme serait-il une voie de réconciliation?

CONCLUSION

Comme je l'ai évoqué au début de l'ouvrage, il serait présomptueux de prétendre tirer des conclusions à partir du témoignage de sept chamanes, surtout sur un sujet aussi complexe que le chamanisme occidental. Ces récits offrent plutôt un éclairage sur différentes perspectives et suscitent des pistes de réflexion. Il est donc important de reconnaître la subjectivité de ce livre. Il semble cependant émerger deux approches distinctes parmi les pratiques chamaniques décrites dans ces pages: celles des chamanes qui transforment et adaptent leur héritage, et celles qui appliquent leur transmission de manière plus stricte, bien que des adaptations soient inévitables. Il existe probablement d'autres nuances et variables à considérer. Cependant, le but de cette investigation était de tenter de comprendre certains besoins auxquels répond le chamanisme et d'observer certaines dérives auxquelles il fait face.

LES ÉCUEILS À OBSERVER DE PRÈS

La menace du «gloubi-boulga spirituel», dans notre ère de mondialisation, représente un écueil majeur, englobant le détournement et l'appropriation culturelle du chamanisme, avec le risque d'une pratique inefficace, voire d'une imitation grossière. Au mieux, cela peut conduire à des déceptions; au pire, à des troubles psychopathologiques graves. En outre, les faux chamanes, «formés» après seulement quelques stages, ainsi que les opportunités financières générées par des séjours promettant des transmissions impossibles, ajoutent à ces risques. Ces dérives peuvent être alimentées par un orgueil occidental ancestral, souvent motivé par l'ignorance et la cupidité plutôt que par une réelle quête spirituelle. Ces deux défauts étant surtout le résultat d'un ego qui prend un peu trop de place par manque de spiritualité justement, et par déconnexion avec son environnement. C'est paradoxalement ce qui nous manque qui nous dévoie. Il est important de noter que les manifestations d'ego ne sont pas exclusives aux chamanes occidentaux, comme en témoignent les conflits de pouvoir observés chez certains chamanes traditionnels en Amérique du Sud, par exemple, qui se disputent le pouvoir avec des pratiques de sorcellerie pouvant mener à la mort.

Une autre dérive résulte de notre rupture avec nos traditions, notamment en ce qui concerne l'héritage, la transmission. La question de la légitimité, de la reconnaissance et du lignage est souvent problématique, favorisant l'émergence de gourous autoproclamés, parfois dangereux. Il est crucial de rester vigilant face à de telles situations.

Enfin, la quête de validation évoquée par Céline Dartanian et Arnaud Riou chez certains de leurs consultants, sur ce fantasme d'être chamane à la moindre manifestation qui sort de l'ordinaire (dont je fais partie), peut mener à une vraie déroute. Il faut garder une vraie humilité face à ces projections, ce qui n'est pas simple. La tentation est grande tant nos besoins de spiritualité, de trouver du sens, de réenchanter nos vies sont grands.

LES BESOINS LÉGITIMES

Nous l'avons vu aussi, le chamanisme connaît un regain d'intérêt en raison des nécessités croissantes non comblées dans le monde occidental. Les préoccupations écologiques, le désir de se reconnecter avec la nature dont nous nous éloignons, la fragmentation de la famille provoquant le besoin de se regrouper en communautés, ainsi que la disparition des rituels et du sacré qui appauvrissent notre culture et nous laissent souvent en quête de sens, sont autant de facteurs qui trouvent des réponses réconfortantes dans le chamanisme. D'un autre côté, comme l'évoquait Arnaud Riou, il semblerait que les cultures dites traditionnelles se doivent de transmettre et de mettre à l'abri leurs savoirs menacés par l'occidentalisation. Encore un paradoxe: parce qu'ils commencent à nous ressembler et à rencontrer les mêmes problèmes que nous (la disparition de leurs traditions à cause du matérialisme croissant), ils tentent de préserver leurs savoirs spirituels en nous les transmettant. Mais sommes-nous les mieux placés pour cette mission? Le risque principal étant le dévoiement et la mécompréhension, voire l'impossibilité du passage d'une culture à une autre.

LES IDÉES ÉVOQUÉES DANS CE LIVRE

La question qui a tout de suite été soulevée est celle de l'universel et du culturel des pratiques chamaniques. Quels sont les aspects humains partagés par tous autour de la planète et qu'est-ce qui relève de la culture? La transe – avec ou sans absorption de plantes enthéogènes – est au cœur de cette problématique. Nous sommes tous capables d'entrer en transe et nous avons vu avec Moudouma qu'il en existe plusieurs degrés. Aussi s'agit-il de savoir pourquoi et dans quel but rechercher cette transe. Thérapeutique, propédeutique, créatif, introspectif, spirituel, entre personnel et culturel, l'objectif peut varier d'une personne à l'autre, d'une culture à l'autre. Même le soin et la méthode de soin sont éminemment culturels selon moi. C'est en cela que le syncrétisme est incontournable lorsque l'on parle de chamanisme, l'ajout de l'introspection teintée de nos apports en psychologie, voire en psychanalyse, est pratiqué par beaucoup des chamanes que j'ai interviewés. Il est un besoin de réalignement, de raccord entre le soi et l'inconscient, ou encore une reconnexion avec son numineux – en bouddhisme nous dirions une rencontre avec le maître intérieur – que le consultant va chercher auprès du chamane. Ce dernier va identifier un éventuel décalage, l'apporter à la conscience en fonction de ce que le consultant peut entendre (la plante enthéogène va également faire ce travail) et proposer un réalignement aidé par les esprits.

Ce qui est interpellant, c'est ce mélange de psychologie et de spiritualité. Et c'est sans doute ce levier qui est aussi attirant pour le public. Pourtant, le syncrétisme consistant à associer la foi qui soutient le chamanisme (la croyance dans les esprits entre autres) aux techniques d'introspection psychologique semble être efficace. Mais quel terrain glissant ! Donner du sens à la souffrance est un besoin humain, la manière de faire pose question. Le chemin spirituel qui découle de ces mélanges occidentaux est différent de celui rencontré dans les sociétés à chamanisme, parce que leurs croyances sont toujours ancrées dans leur culture. Le chamanisme en est la « pratique », alors que nous, nous devons l'inclure dans notre culture.

Céline et Arnaud se présentent comme étant des médiateurs culturels, le chamane est de toute façon un intermédiaire entre le monde des esprits et le nôtre. Le culte des esprits et donc l'animisme qui est sous-jacent sont sans doute les vraies réponses, mais les Occidentaux sont-ils vraiment prêts à cela? Pourront-ils pratiquer un chamanisme dépouillé de l'animisme, une transe laïque par exemple, comme ils pratiquent le yoga sans les *Upanishads* ou la méditation sans la voie du dharma?

Après ces entretiens, il est clair pour moi que tout le monde ne peut pas être chamane. Bien que l'accès à la transe puisse être possible pour chacun, il reste à déterminer à quel niveau et dans quel but cela peut être réalisé. Aller chez le médecin et demander en même temps un cours de médecine et ouvrir son cabinet médical après trois week-ends serait une folie. Comme le chamanisme semble folklorique, certains ont tendance à se dire que cela doit être facile à pratiquer. Mais irions-nous consulter un médecin qui n'a fait qu'un stage? Médecine, cela prend au moins sept ans en Occident, les chamanes que j'ai rencontrés ont plus d'années d'études que cela... En quoi consulter un chamane serait moins sérieux? Car même si, selon Moudouma, tout le monde peut se connecter aux esprits (ce dont je doute encore personnellement à ce stade de mes investigations), tout le monde peut en effet s'accompagner soi-même sur un chemin initiatique ou spirituel. En cela, le chamanisme occidental a encore tout à prouver.

Personnellement, après ces recherches, je ne pense pas être chamane, et sûrement pas en ayant fait quelques stages, même si la transe semble être facile à atteindre pour moi. La charge que cela représente, l'abnégation au quotidien et la responsabilité d'avoir des consultants sont autant d'aspects dont j'ai trop conscience pour les penser à ma portée. Mais la vie est parfois pleine de surprises et de révélations. Je crois que le chamane est appelé par les esprits et qu'il ne peut pas décréter son statut tout seul. Reste à savoir comment reconnaître de manière « sociétale » de telles manifestations qui relèvent du mystère !

DE NOUVELLES QUESTIONS...

Selon moi, le nœud des questions se situe essentiellement autour du rapport au sacré qui est différent selon les cultures. Qu'est-ce qui est sacré pour nous en Occident aujourd'hui ? Je ne suis pas sûre que chez nous le sacré et le spirituel soient toujours liés comme ils l'étaient autrefois, et comme il l'est toujours dans les cultures qui ont encore un chamanisme efficient. Ce qui est sacré est éminemment culturel (c'est à l'opposé du profane) et singulier, sujet à dévotion, voire donne du sens à la vie (Dieu, la vie après la mort, la cosmogonie, le respect des anciens voire des esprits...) et est la plupart du temps sujet à des rites. Dans la majorité des cultures, le sacré est relié à ce qui est spirituel, à ce qui dépasse l'humain. Mais aujourd'hui, dans nos sociétés occidentales, nous assistons au résultat d'un glissement qui s'est opéré au fil des siècles et le sacré s'est séparé de la sphère religieuse et spirituelle.

Par exemple, en Occident, la science occupe une place quasi sacrée, comme en a témoigné son statut presque intouchable pendant la crise du Covid-19, et le fait qu'il était compliqué de remettre en cause les décisions associées à celles prises au nom de la science. Ainsi, pour se soigner, pour guérir, la grande majorité des Occidentaux se tournent vers la science, en laquelle ils croient (et ils ont raison), ils s'en remettent aux médecins en toute confiance. Mais la science seule ne semble pas suffire, et ne répond pas à certaines questions existentielles qui restent en suspens et surtout, elle n'est pas le lieu de la spiritualité. Si, comme je le crois, l'humain est aussi un être spirituel, alors en Occident nous avons perdu une trace. Nous avons créé des pis-aller sur certains aspects, comme des moments cathartiques, tels que les concerts géants ou les compétitions sportives, qui agissent comme des rituels fédérateurs, plongeant les supporteurs dans des transes légères. Enfin, selon moi, l'art a également assumé une grande partie du sacré au fil des siècles en Occident. Initialement lié au religieux car souvent dédié au culte, l'art s'en est peu à peu affranchi pour exister par lui-même, et l'artiste est devenu en lui-même une figure sacrée. Aujourd'hui, les stars sont objets de fascination, comme l'étaient sans doute les dieux ou les figures religieuses autrefois.

Or, en ce qui concerne le chamanisme, c'est la confiance que l'on porte à un chamane, à une cosmogonie, à des croyances dont va découler l'efficience d'un soin, d'un rituel. C'est-à-dire que cette efficience, cette efficacité, est liée à l'espace sacré qu'on lui ouvre. C'est parce que le chamane est un intermédiaire entre ce qui est sacré (les dieux, les esprits, la nature, etc.) que les sociétés traditionnelles lui confient des tâches essentielles de bénédiction, de soin, de rites et que cela va fonctionner. Mais nous, Occidentaux, comment pourrions-nous remettre du sacré dans un lien à un chamane si on ne l'a pas intégré dans notre culture, dans notre cosmogonie, dans notre foi ?

Personnellement, je ne suis pas loin de croire, à l'instar de Philippe Cornu, spécialiste des religions asiatiques, que le « vrai chamanisme» est impraticable en Occident. C'est-à-dire qu'il impliquerait trop d'éléments interdits sous nos latitudes, l'usage des plantes par exemple, mais aussi une forme de violence dans les rituels et d'abandon du corps et de l'esprit que nous ne pouvons pas accepter ici. Il y a un rapport à la mort aussi que nous ne sommes pas prêts à affronter. C'est pour cela qu'il ne peut exister que sous une forme adaptée aux Occidentaux pour le moment, teintée de notre culture comme nous l'avons vu.

En sociologie, nous étudiions le fait qu'il y a des régressions positives. L'écologie, la redécouverte des moyens ancestraux d'agriculture par exemple en sont. En spiritualité, le retour au paganisme sera peut-être également une voie spirituelle pour certains. Il mêlera cette forme de chamanisme occidentalisé, sous forme syncrétique entre psychologie et animisme, il répondra à de nombreux besoins et en prenant des formes variées. Peut-être qu'une troisième voie est déjà en train de naître sous nos yeux. La spiritualité de demain, un «animisme 2.0» avec une reconnexion au sacré avec en toile de fond un lien avec la science occidentale...! Bien sûr, ses ambassadeurs, qu'ils soient chamanes ou simplement pratiquants en chamanisme, devront toujours être vigilants face aux dérives, mais le sacré reste un besoin humain, et encore plus une nécessité dans notre période de transition. Renouer avec nos traditions est pour moi aussi une piste, nous avons un héritage magnifique que nous pourrions aussi explorer plutôt que de toujours importer ce qui semble exotique et plus attirant à nos yeux... La nouvelle spiritualité occidentale cherche ses repères mais, espérons-le, va se stabiliser.

REMERCIEMENTS

Sandrine Navarro pour tout, Youssef El Mabsout pour son suivi, Claudia et Guy Trédaniel pour leur confiance, les chamanes de ce livre et leurs conjointes qui m'ont accueillie à bras ouverts, mes amis pour leur soutien, ma famille pour sa présence.

Achevé d'imprimer en septembre 2024
sur les presses de la Nouvelle Imprimerie Laballery
58500 Clamecy
Dépôt légal : août 2024
N° d'impression : 409404

Imprimé en France

Conception graphique et mise en pages: Soft Office